Sang neuf

109

Gault&Millau

Sang neuf

Découvrir les nouveaux talents de la gastronomie, voilà bien la mission première de Gault&Millau. Dénicher, révéler, accompagner, telle était déjà l'ambition d'Henri Gault et Christian Millau, fondateurs il y a pile 50 ans du Guide Jaune. Mettre en lumière les jeunes talents sans pour autant prétendre adouber qui que ce soit – les notes et les toques attribuées par Gault&Millau ne devant pas être perçues comme des récompenses, mais bien comme des repères. Des bornes qui permettent à un chef de savoir où il se situe – grâce à l'avis d'experts – et au client de savoir où et comment placer ses attentes en fonction des commentaires de ces dégustateurs chevronnés qui mènent leurs enquêtes, toujours impartiales et bienveillantes, sous la direction de Marc Esquerré.

Si, en leur temps, les deux journalistes ont su repérer et accompagner les trublions qu'étaient alors les Paul Bocuse, Marc Veyrat, Pierre Gagnaire, Alain Ducasse et Michel Troisgros – autant d'affranchis qui renversaient les tables et inventaient une nouvelle manière de penser la cuisine, de la faire, de la servir –, il a fallu suivre le mouvement, puis anticiper le tempo imposé par les chefs. Les générations se sont suivies, les maîtres ont transmis à leurs élèves, devenus mentors à leur tour – Yannick Alléno, Gilles Goujon, Alexandre Couillon, Christophe Hay, Arnaud Donckele, Alexandre Gauthier, Hugo Roellinger…

La « nouvelle cuisine » n'a pas été théorisée par Gault&Millau (en 1973) pour rester figée dans ses certitudes. Elle évolue, elle bouge, elle va dans une direction, se trompe, recommence, regarde dans le rétro pour refaire ses bases, essaie encore, ajuste, trouve une bonne piste, bifurque… Aux successeurs d'Henri Gault et Christian Millau, donc, de comprendre les lames de fond qui vont à leur tour tout renverser, d'anticiper les révolutions en marche.

Assurément, c'est bien là l'enjeu de cette galerie de 109 talents. Tous ne laisseront pas leur trace, certains ne seront peut-être que des feux de paille, d'autres rendront leur tablier et passeront à d'autres passions. Mais une chose est sûre : tous apportent quelque chose, aujourd'hui, à cette scène. Certains sont autodidactes, quelques-uns ont quitté un métier et une vie confortables et des voies toutes tracées pour vivre leur passion, d'autres s'inscrivent dans une filiation assumée, parfois autant revendiquée par eux-mêmes que par leurs pères/pairs, certains sont davantage restaurateurs que cuisiniers, d'autres, enfin, ont atteint l'âge canonique... Tous incarnent, à leur manière, un nouvel élan, de nouvelles envies, de nouvelles attentes. Et certains – c'est certain –, on ne peut dire combien, seront les grands de demain.

Alors, braquons les projecteurs. Entre les six coins de notre Hexagone, n'hésitons pas à tracer des diagonales et partons à la découverte d'auberges de village réinventées, de tables qui font battre le cœur des cités, de cuisines qui font revivre le *farm to table* d'autrefois, de chefs (et cheffes) qui imaginent des restos de copains, écrivent des histoires partagées, invitent à imaginer des tranches de vie... Demandons-leur, au passage, une recette qui nous permettra de découvrir leur cuisine dans notre cuisine.

Les nouvelles tables sont désormais imaginées en duo, en couple, entre potes, portées à deux, à trois, parfois plus, de manière équitable. La cuisine se partage – tant et si bien que nous avons en réalité dans cette sélection 109 tables, mais plus de 109 talents, c'est triché ! –, ce qui se met en place en salle étant aussi important que ce qui se trame autour du piano. Les chefs imaginent des lieux plus engagés, plus responsables, plus inclusifs, plus respectueux, plus vertueux en somme. Les restaurants ne se contentent plus d'être des lieux où l'on mange bon. Ils sont acteurs d'un vivre mieux. Enfin, la plupart, bien qu'en quête évidente de reconnaissance (et pour quelques-uns de surmédiatisation), ont fait de l'humilité une règle de conduite. Humilité face au produit, aux saisons, aux hôtes, à l'équipe. Le nombre a remplacé le chiffre. C'est peut-être là la leçon de ces 109.

STÉPHANE BRÉHIER

Directeur de la rédaction

MARINE ABEIL & GAUTHIER VENTER

Ils sont jeunes, pleins d'enthousiasme et d'idées, et ils font tout à deux ! Faire la cuisine, passer en salle avec le sourire, servir, expliquer la démarche, accompagner les convives dans la découverte...

Installés peu avant le premier confinement, Marine Abeil et Gauthier Venter ont toujours misé sur la proximité. Dans ce quartier excentré mais gourmand, avec la présence du marché tout proche, ils ont commencé à voir venir le voisinage, avant d'étendre leur réputation au reste de la ville. Car, à Orléans, Maga a créé une petite révolution : une jeune et nouvelle table, fière de sa région, vantant la production locale. C'était presque inédit.

Ici, le credo est bien établi et farouchement défendu. Pas de carte fixe, une offre courte, souvent pas plus de 10 plats proposés, desserts compris, mais une belle concentration de deux talents créatifs et précis. Un soin particulier dans le dressage, de la couleur et du parfum, le marché de saison est ardemment mis en valeur dans cette cuisine à quatre mains qui n'en finit pas de séduire.

Maga — 12/20
136, rue de Bourgogne – 45000 Orléans

FACILE

Millefeuille de carottes au paprika fumé

POUR 6 PERSONNES

Préparation : 30 min
Cuisson : 1 h
Repos : 24 h

6 grosses carottes jaunes
6 grosses carottes orange
6 grosses carottes blanches
3 c. à soupe d'huile d'olive
5 g de paprika fumé
Sel et poivre

1 – Lavez et épluchez toutes les carottes. Tranchez les carottes à la mandoline en lanières de 2-3 mm d'épaisseur.

2 – Mettez toutes les lanières dans un cul-de-poule avec l'huile d'olive, le sel, le poivre et le paprika fumé et mélangez avec les mains.

3 – Étalez toutes les lanières à plat dans une terrine par couleur ou en mélangeant les couleurs.

4 – Faites cuire au four à 160 °C (th. 5-6) pendant 1 h (mettez un bac avec de l'eau dans le four pour apporter de l'humidité).

5 – À la sortie du four, mettez la terrine sous presse (planchette surmontée d'un poids) pendant 24 h. Démoulez et découpez-en 6 parts.

Astuce du chef :

« Vous pouvez ajouter des carottes râpées ainsi qu'une purée de carottes violettes vinaigrées pour apporter un peu de texture et de couleur à cette entrée. »

MARINE ABEIL &
GAUTHIER VENTER

Mimosa

MATHILDE AGUERRE & MATHIEU THOMAS

Mathieu et Mathilde se sont rencontrés chez Guy Savoy (qui a dit que pour qu'un couple s'entende vraiment bien, il fallait que leurs prénoms commencent par les mêmes lettres ?) et se montrent tout à fait complémentaires. Mathieu Thomas s'est formé chez Coutanceau à La Rochelle, puis Guy Martin au Grand Véfour, à Paris, avec, entre-temps, quelques étapes européennes, tandis que Mathilde Aguerre se passionnait pour la pâtisserie à la table des frères Ibarboure, à Bidart, chez Ithurria, à Ainhoa, Guy Savoy, donc, et Éric Frechon, au Bristol, à Paris.

Suivant les bonnes traditions uxorilocales, Mathieu le Vendéen a suivi Mathilde tout près de son village natal d'Espelette et leur bagage commun permet aujourd'hui toutes les audaces, y compris celui de détourner le terroir de façon créative en le magnifiant. Ainsi offrent-ils une lecture tout à fait réjouissante de l'« arroltze ta xingar », la version basque des œufs au bacon, avec ce fameux xingar, cette viande de porc, de jambon ou de lard, Mathieu leur associant le talo (galette de maïs) tout en finesse et une mousse aérienne d'ossau-iraty.

À Sare, ils ont trouvé une belle et grande maison basque, dont ils ont gardé l'authenticité dans la jolie salle prolongée par une terrasse ombragée. Un gigantesque bar, une vieille cheminée et une armoire ancienne qui sert de vaisselier ; une cuisine moderne dans un cadre ancien préservé, voilà sans doute le rêve de l'auberge d'aujourd'hui.

Mimosa — 12,5/20
Place du Village – 64310 Sare

INTERMÉDIAIRE

Ris de veau langoustine, carottes des sables, bisque langoustine & jus corsé

POUR 8 PERSONNES

Préparation : 1 h
Cuisson : 2 h 25

Ris de veau
750 g de pomme de ris de veau
1,5 kg de parures de veau
1 oignon
2 carottes
5 gousses d'ail
1 branche de thym
30 cl de bouillon de volaille
Huile de tournesol
Sel et poivre

Langoustines
8 langoustines
1 échalote
1 bâton de citronnelle
1 gousse d'ail
1 carotte
10 cl de cognac
10 g de concentré de tomates
50 cl de bouillon de volaille
25 cl de crème liquide
Piment d'Espelette
Sel

Carottes
8 carottes des sables
50 g de beurre demi-sel
Piment d'Espelette
Huile d'olive
Sel

1 – Préparez les ris de veau : faites blanchir les ris de veau dans un grand volume d'eau salée, départ à froid. Portez à ébullition 3 min, puis débarrassez dans un récipient d'eau froide avec des glaçons. Épluchez et réservez au frais.

2 – Pour le jus de veau : faites colorer les parures avec l'huile de tournesol, ajoutez la garniture aromatique. Dégraissez et mouillez au bouillon. Laissez cuire et faites réduire 1 h, passez au chinois, dégraissez.

3 – Pour la bisque langoustine : décortiquez les langoustines et réservez au frais. Colorez les têtes dans l'huile d'olive, ajoutez la garniture aromatique et le concentré de tomates. Flambez au cognac. Mouillez au bouillon. Laissez cuire 1 h et passez au chinois. Laissez réduire à glace*, puis crémez.

4 – Réalisez une purée de carottes : pelez, coupez et faites cuire les carottes à la vapeur ou à l'eau, écrasez en purée avec le beurre et les épices.

5 – Faites rissoler les ris de veau au beurre demi-sel, snackez les langoustines avec l'huile d'olive.

6 – Dressage : déposez au fond des assiettes la purée de carottes. Dressez les ris de veau et les langoustines nacrées, ajoutez le jus corsé. Émulsionnez la bisque langoustine et déposez l'écume. Servez.

On egin ! (Bon appétit !)

MATHIEU THOMAS

Emmanuel Alart
Ecume Givrée

EMMANUEL ALART

Retour gagnant pour Emmanuel Alart, qui retrouve son village natal, Ploemeur, banlieue active de Lorient, à cinq minutes de l'océan. La mer, ce Breton pur beurre la connaît bien. Et s'il renoue avec ses racines profondes, il ne s'en était en réalité pas trop éloigné. Il a officié, précédemment, pendant plus de cinq ans comme chef de cuisine au Yachtman, à Lorient. Ce qui lui a permis de nouer des liens forts et durables avec les pêcheurs et de pouvoir ainsi démarrer son activité avec un bon réseau. Réseau qui ne s'arrête pas au bord de l'eau, car les producteurs fermiers des environs sont largement sollicités.

La cuisine assure cette mixité bretonne entre Armor et Argoat : corolle d'araignée de mer et blé noir aux aromates, rémoulade de céleri et granny smith, filet de turbot rôti et lavande accompagné d'un écrasé de pommes de terre ratte de Ploemeur à la cive, carré de porcelet braisé au miel et au cidre fermier confit de navets ronds. De quoi réveiller, avec sa femme Estelle, une scène qui s'était un peu assagie…

Écume Givrée — 11,5/20
6, rue Sainte-Anne – 56270 Ploemeur

INTERMÉDIAIRE

Dos de congre au Kari Gosse façon matelote & coquillages

POUR 8 PERSONNES

Préparation : 15 min

Cuisson : 45 min

1 congre de 3 kg

30 g d'épices Kari Gosse (un mélange d'épices, principalement composé de gingembre, de girofle et de curcuma)

Les coquillages

1 kg de moules

1 kg de coques

½ l de vin blanc

1 oignon ciselé

Beurre

La matelote

100 g d'oignons ciselés

100 g de carottes émincées

Thym

Laurier

50 cl de vin rouge

Arêtes et tête de congre

Huile d'olive

Légumes de saison au choix

1 – Levez le congre en filets, désarêtez-les, puis taillez-les en dos de 150 g. Saupoudrez le mélange d'épices Kari Gosse sur les morceaux de poisson. Réservez les arêtes et la tête de congre pour la sauce matelote.

2 – Préparez les coquillages : faites suer l'oignon ciselé avec le beurre dans une casserole. Ajoutez les coquillages nettoyés. Déglacez au vin blanc. Couvrez le tout et laissez cuire pendant 5 min après ébullition du vin.

3 – Préparez la matelote : saisissez les arêtes et la tête de congre à l'huile d'olive. Ajoutez les oignons et les carottes, puis le thym et le laurier. Déglacez au vin rouge et mouillez avec 1 l d'eau, laissez cuire 30 min à frémissement. Passez le jus et le réduire de moitié.

4 – Dressage : saisissez les dos de congre et faites-les cuire au four à 200 °C (th. 6-7) pendant 5 min. Dans les assiettes, nappez le fond de sauce matelote, disposez les légumes de saison taillés et cuits à l'anglaise*. Ajoutez les coquillages, puis déposez le dos de congre sur les légumes.

KEVIN ALSUGUREN

Si le premier établissement bordelais de Mary Henchley et Maxime Rosselin faisait bien allusion au toutou et aux réflexes conditionnés (Le Chien de Pavlov, rue de la Devise, 1 toque), on a ici clairement détaché la laisse de Youki et changé de format.

La Maison de Pavlov, dans la riche banlieue bordelaise du Bouscat, c'est une ancienne chartreuse très joliment aménagée par ce couple gagnant, qui a connu de belles maisons parisiennes (Plaza Athénée, Michel Rostang…) avant de s'installer en Gironde. La Maison de Pavlov est un cocon de luxe avec ses 8 chambres 5 étoiles et sa table qui fait saliver, et pas seulement les dobermans.

Pour piloter le piano et remplir les gamelles, Kevin Alsuguren n'a pas été choisi au hasard. Passé chez l'Auberge Basque de Cédric Béchade, le Briketenia des Ibarboure et l'Hôtel du Palais de Jean-Marie-Gautier, le jeune chef basque est imprégné des valeurs maison, celles d'une gastronomie éthique et durable utilisant au mieux les produits du jardin en permaculture, en alliance avec la démarche écoresponsable de tout l'hôtel. Savoir-faire et raffinement se conjuguent autour du meilleur des terroirs, y compris en lorgnant vers sa région d'origine, avec la pêche de Saint-Jean-de-Luz, la truite de Banka ou la pluma ibérique.

Maison Pavlov — 13/20
199, avenue de la Libération-Charles-de-Gaulle
33110 Le Bouscat

EXPERT

Lieu jaune pané à l'hysope, cannelloni de pommes de terre et blettes

POUR 6 PERSONNES

Préparation : 1 h
Cuisson : 50 min

Poisson

1 kg de lieu jaune de ligne

100 g d'hysope déshydratée (au rayon thé de votre magasin bio, vous pouvez utiliser une autre herbe déshydratée, comme la marjolaine)

Cannellonis

800 g de pommes de terre Agata

4 branches de blettes

300 g de crème

Sauce

1 oignon blanc émincé

10 cl de verjus ou de Noilly Prat

700 g de crème

60 g d'hysope

30 g de beurre

1 gousse d'ail

4 branches de thym

Huile d'olive

Sel et poivre

1 – Préparez le lieu jaune : ôtez les arêtes, la peau et taillez des portions de 160 g environ. Assaisonnez de sel, poivre et huile d'olive. Panez les portions de lieu dans la poudre d'hysope. Faites cuire le poisson au four préchauffé à 180 °C (th. 6) pendant 8 min.

2 – Préparez les cannellonis de pommes de terre (il s'agit de faire de gros cylindres avec des tranches fines de pommes de terre, juxtaposées telles des écailles de poisson) : épluchez les pommes de terre. Donnez-leur une forme de tube à l'aide d'un emporte-pièce d'un diamètre de 4 cm environ (gardez les chutes pour la farce). Taillez à la mandoline de fines rondelles d'environ 1 mm. Superposez partiellement les rondelles comme des écailles, à la façon d'un tapis de 30 cm de long sur 15 cm de large, sur une plaque de silicone ou sur du papier sulfurisé. Assaisonnez de sel et d'un filet d'huile d'olive. Faites cuire au four à 180 °C (th. 6) pendant 7 min.
– Préparez la farce à gratin : épluchez et taillez les blancs de blette en morceaux d'environ 0,5 cm. Réservez le vert pour la sauce. Taillez de la même manière les chutes de pommes de terre. Faites suer dans une casserole les blettes et les pommes de terre avec une belle noisette de beurre, du sel, du poivre, l'ail écrasé et le thym. Ajoutez la crème et laissez cuire jusqu'à obtenir une consistance épaisse. Laissez refroidir.
– Pour le montage : retournez le tapis de pommes de terre en écailles sur du film alimentaire. Garnissez le tapis avec la farce refroidie (vous pouvez vous aider d'une poche à douille). Servez-vous du film pour rouler l'ensemble et réaliser ainsi un grand

KEVIN ALSUGUREN

cannelloni. Taillez 6 cannellonis dans ce rouleau, puis réchauffez au four (sans le film) pendant 8 à 12 min à 180 °C (th. 6).

3 – Préparez la sauce : faites bouillir une casserole d'eau avec du sel. Plongez-y les verts de blette 3 min, puis les refroidir à l'eau très froide. Faites suer un oignon émincé dans une grande poêle. Déglacez avec le verjus, ajoutez la crème. Faites réduire de moitié la préparation. Laissez infuser 60 g d'hysope environ 10 min dans la préparation. Mixez avec les verts de blette cuits. Assaisonnez et passez au chinois pour avoir une sauce bien lisse.

4 – Dressez harmonieusement l'ensemble chaud.

David Etcheverry

TAKASHI AOKI & DAVID ETCHEVERRY

En se rapprochant de sa terre natale, David Etcheverry, Basco-Béarnais né à Saint-Palais, a pris le tournant des bonnes impressions. Professionnel rigoureux, mais avant tout discret et sensible, ce chef n'affectionne rien tant que donner du plaisir à ses convives, distribuer de l'amour dans les assiettes et communiquer ces sensations fugitives du bonheur à la fois éphémère et mémorable.

Marié à Christine, Bretonne, il aura passé plus d'un quart de siècle à côté de Rennes, apprenant notamment auprès du grand Marc Tizon, au Palais, et sachant toujours s'effacer devant la pureté d'un poisson ou d'un légume. Grand de Demain pour le Guide Jaune (2002) dans son premier restaurant, Les Agapes, à La Mézière, là où nous l'avons connu, il s'installe en 2003 dans une jolie maison d'une banlieue résidentielle et lui donne le nom du Saison, cette petite rivière où il allait pêcher dans son enfance.

Celui qui fut aussi Gault&Millau d'Or en 2013 n'a pas changé. Il n'a ni oublié ses racines ni perdu ses repères. Toujours consciencieux, voire méticuleux, il offre l'occasion à son jeune chef Takashi Aoki de s'exprimer pleinement, dans une belle complémentarité et dans un esprit de transmission, qui participe aussi de l'offrande à autrui.

Impressions — 14,5/20
7, rue Saint-Michel – 17000 La Rochelle

INTERMÉDIAIRE

Céleri-rave cuit au foin, sa rémoulade, crème de parmesan & truffe

POUR 4 PERSONNES

Préparation : 40 min

Cuisson : 2 h

Fumage : 40 min

Repos : 1 h

1 céleri-rave bio de 400 g

Foin

Crème de céleri-branche au fromage

430 g de céleri-branche

75 g de feuilles de céleri

1 l de crème liquide

130 g de parmesan râpé

Dressage

30 g de céleri-rave râpé

1 champignon mariné coupé en 8 (facultatif)

6 g de truffe melanosporum râpée

Spaghettis de céleri frits

Poudre de feuille de céleri vert (facultatif)

Pourpier d'hiver, roquette, fenouil sauvage, primevère, pimprenelle

Huile d'olive

Sel et poivre noir

1 – Préparez le céleri-rave cuit au foin : préchauffez le four à 210 °C (th. 7). Frottez le céleri-rave avec une brosse pour enlever le sable et les impuretés, rincez bien à l'eau. Égouttez-le légèrement et saupoudrez-le de gros sel. Couvrez le céleri de foin, enveloppez le tout dans de l'aluminium, et mettez au four entre 1 h 30 et 2 h. Le céleri est cuit quand on peut enfoncer doucement une pointe.
– Mettez le céleri et le foin dans une casserole profonde ou un bol en Inox, mettez le feu au foin, Couvrez avec un couvercle ou de l'aluminium et laissez fumer ainsi pendant 40 min.

2 – Préparez de la poudre de céleri : pelez le céleri. Mixez la peau pelée et séchée pour faire de la poudre de céleri salée.

3 – Réalisez la crème de céleri-branche au fromage : mettez tous les ingrédients (sauf le parmesan) dans une casserole et portez à ébullition. Dès l'ébullition, retirez du feu, couvrez et laissez infuser 1 h. Remettez la préparation à chauffer et, après ébullition, ajoutez le fromage, mixez, filtrez avec une passoire et laissez refroidir. Réservez.

4 – Dressage : disposez les morceaux de céleri-rave rôti au centre de l'assiette, le céleri râpé à gauche, le céleri frit en haut de l'assiette. Posez la truffe râpée et le champignon sur les morceaux de céleri. Versez un peu de crème de céleri à droite. Décorez avec les fleurs et la poudre de céleri. Salez, poivrez et arrosez d'un filet d'huile d'olive.

TAKASHI AOKI &
DAVID ETCHEVERRY

WILLIAM ATLAN & LÉA LESTAGE

Les aléas de la vie ! Après un détour par la faculté de sociologie et se destinant au journalisme, Léa Lestage n'avait pas la cuisine pour première vocation. William Atlan, son alter ego en salle, est, lui, d'abord passé par les fourneaux, de L'Affable, notamment.

Sur les contreforts de la butte Montmartre, là où fut naguère Le Poulbot Gourmet, l'ordinaire n'est que dans la déco, pourtant touchante de simplicité : ton neutre, mobilier passe-partout afin que rien ne détourne des plats de Léa. Et, quand les assiettes sortent, la musique du piano commence son numéro de charme. C'est frais, percutant, franc du collier. Elle est comme ça, Léa, il faut que ça bouge et que ça vive !

Dès la mise en bouche, les langues d'oiseau, pleurotes et œuf confit vous pimentent le moment, avant les langoustines rôties posées sur des médaillons de pommes de terre soulignées d'une onctueuse bisque safranée. C'est au pied du mur que l'on voit le maçon, et c'est à la première cuillère de sauce que l'on voit le cuisinier. Cette bisque juste dosée, veloutée et bien relevée, est bien la marque d'une cheffe qui sait goûter… Dans la salle, William fait le job avec discrétion et efficacité, conseille les vins d'une cave bien vue, piochant dans toutes les régions des références reconnues.

A.lea — 12/20
39, rue Lamarck – 75018 Paris

INTERMÉDIAIRE

Poitrine croustillante, panais en deux façons, cacahuètes & basilic thaï

POUR 5 PERSONNES

Préparation : 1 h 30
Cuisson : 1 h 40
Repos : 24 h

1 kg de poitrine de cochon avec la couenne
1,5 kg de gros sel
3 blancs d'œuf
1 c. à soupe d'épices de votre choix (curry, 5 parfums, ras el-hanout…)
3 c. à soupe de vinaigre blanc
3 c. à soupe d'huile de tournesol
Sel
10 panais
Huile d'olive
Thym
1 gousse d'ail
2 bâtons de citronnelle
2 échalotes
20 g de gingembre frais
Beurre
Basilic thaï
Une poignée de cacahuètes salées

1 - 24 h à l'avance, préparez la poitrine croustillante : mélangez les épices avec l'huile de tournesol pour faire la marinade. Entaillez la poitrine dans la largeur en faisant 5 entailles afin de faire pénétrer la marinade. Portionnez la poitrine en 5. Attention à n'entailler que la chair et à s'arrêter avant le gras et la couenne.

– À l'aide d'un pinceau, badigeonnez la viande de marinade. Réservez dans un plat, au frais, côté couenne sur le dessus.

– Dans un bol, mélangez le vinaigre blanc et le sel. Badigeonnez-en la couenne.

– Réservez la poitrine au frais pendant 24 h. Ne filmez pas, la couenne va sécher à l'air libre.

2 - Préparez les panais en deux façons :
– Préchauffez le four à 180 °C (th. 6). Dans un plat allant au four, préparez 5 panais en papillotes : lavez les panais, badigeonnez-les d'huile d'olive, mettez du thym et de l'ail, salez. Enfermez le tout dans de l'aluminium. Enfournez pendant 35-45 min. Il faut que les panais soient fondants tout en se tenant. Une fois cuits, taillez-les en 2 dans la longueur.

– Épluchez 5 panais, taillez-les en cubes de taille moyenne. Épluchez le gingembre, taillez-le grossièrement. Tapez la citronnelle afin qu'elle rejette son jus, coupez-la en 3. Dans une casserole, faites revenir dans une noisette de beurre les échalotes émincées, le gingembre et la citronnelle. Ajoutez le panais et laissez confire. Au besoin, rajoutez un peu de fond de volaille ou de l'eau. Une

fois que le panais est cuit, retirez les morceaux de citronnelle, et mixez afin d'obtenir une purée. Vous pouvez incorporer une noisette de beurre frais lors du mixage pour obtenir une texture bien lisse. Réservez dans une poche.

3 – Cuisson du cochon : préchauffez le four à 200 °C (th. 6-7) en chaleur tournante. À l'aide d'un couteau à bout pointu, effectuez une multitude de petits trous à la surface de la couenne. C'est ce qui va permettre à la couenne de souffler puisque le gras va remonter sur le dessus. Plus il y a de trous, plus la couenne sera croustillante.

– Dans un bol, mélangez le gros sel et les blancs d'œuf afin de faire une croûte pour cuire la viande. Tapissez un plat de ce mélange. Déposez la viande (côté chair vers le bas) et enveloppez de gros sel. La cuisson en croûte de sel va permettre à la viande de rester juteuse. Faites cuire la poitrine de cochon pendant 40 min. Sortez la viande du four et ôtez la croûte. Laissez le four à 200 °C et passez-le en mode gril. Enfournez le morceau de poitrine pendant 15 min tout en surveillant la cuisson. C'est à ce stade que la couenne va souffler et devenir croustillante. Sortez la viande du four et laissez-la reposer à l'air libre.

4 – Dressage : disposez la moitié d'un panais dans chaque assiette. À l'aide de la poche, faire des petits points de purée sur le panais afin de le recouvrir. Disposez quelques feuilles de basilic thaï et quelques cacahuètes dessus. Vous pouvez râper quelques zestes de citron par-dessus. Taillez la poitrine de cochon croustillante, posez dans les assiettes. Servez avec un jus.

TIMOTHÉE AUMONT, THÉO FALCIASECCA, HUGO KONTER & MARIE VANGELISTI

De plus en plus souvent, on voit fleurir, parmi la jeune génération, des duos, trios ou même quatuors qui expérimentent l'aventure d'un nouveau restaurant. Ces « bistrots de potes » expriment aussi le besoin d'une nouvelle forme de solidarité dans une entreprise collective, un petit pan sur le bec à l'égoïsme et au lucre, faisant passer le vivre-ensemble en priorité.

Marie Vangelisti et Timothée Aumont se sont lancés dans l'aventure en reprenant Le Couteau, au bout de la rue Sainte, près de l'abbaye Saint-Victor. Ils ont rencontré Hugo Konter pour diriger la cuisine (secondé par Théo Falciasecca) et fait appel à une plateforme paysanne locale, dans le 14e arrondissement, où ils peuvent se fournir en direct sur des circuits courts sans court-circuit.

Voilà donc l'Alivetu (Timothée est de Lumio, en Corse, Marie est italienne) et sa cuisine simple, ensoleillée et naturelle. Il n'y a là pas d'autre révolution que celle de prendre son histoire en main, de développer des liens vertueux à travers la fameuse chaîne de la fourche à la fourchette. Cela semble parfois naïf aux yeux de certains, mais cette fraîcheur, cette jeunesse et cette vitalité font assurément du bien, surtout lorsque, comme ici, l'assiette est bien au rendez-vous. Car, à table, le jeune chef, tout en jouant des notes classiques de recettes connues, sort des plats harmonieux, bien sentis et savoureux, totalement en phase avec les lieux.

Alivetu — 11/20
145, rue Sainte – 13007 Marseille

INTERMÉDIAIRE

La tomate

condiment câpres-anchois-citron confit-olives noires, crumble anchois, eau de tomate aux herbes sauvages, toast & pâte de tomate

POUR 6 PERSONNES

Préparation : 1 h 20
Cuisson : 3 h 30

Crumble anchois
90 g de farine de blé
35 g d'anchois
35 g beurre

Condiment
50 g d'anchois
40 g de câpres
40 g d'olives noires
20 g de citron confit
3 cl d'huile d'olive
Graines de fenouil torréfiées
Poivre

Eau et pâte de tomate
1 kg de tomates
Vinaigre balsamique blanc
Huile d'olive
Ail
1 branche d'absinthe cola
1 branche de tanaisie
Autres herbes selon l'envie (basilic, herbes de Provence)
Sucre
Sel et poivre

Tomates confites
3 tomates de 200/250 g (Dark Galaxy, cœur de taureau ou variétés anciennes)
Huile d'olive
Sel et poivre

1 – Préparez le crumble : mixez tous les éléments ensemble jusqu'à obtenir une texture sableuse. Effritez des morceaux plus ou moins gros sur une plaque. Faites cuire au four à 145 °C (th. 4-5) pendant 45 min.

2 – Préparez le condiment : hachez très finement tous les éléments, ajoutez l'huile et les graines de fenouil. Mélangez et assaisonnez avec le poivre. Ajoutez du jus de citron si vous le souhaitez.

3 – Réalisez l'eau : mondez* les tomates, puis mixez-les avec un peu d'eau minérale. Débarrassez dans une casserole et faites cuire à feu doux (petite ébullition) pendant environ 15 min. Écumez pendant la cuisson. Débarrassez dans un chinois étamine dans lequel vous avez placé un torchon. Pressez le torchon afin d'extraire l'eau.

4 – Préparez la pâte de tomate : débarrassez dans une casserole la pulpe restant dans le torchon. Faites dessécher à feu doux en remuant régulièrement. Laissez refroidir, ajoutez le vinaigre, l'huile d'olive, l'ail haché et des herbes. Assaisonnez. Réservez au frais.

5 – Débarrassez l'eau de tomate dans une casserole et faire réduire d'environ 1/3 à feu doux (petite ébullition). Ajoutez les branches de tanaisie et d'absinthe cola. Laissez infuser environ 10 min. Assaisonnez de sel, poivre et une pincée de sucre. Débarrassez et réservez au frais.

HUGO KONTER

Dressage

Népita (herbe aromatique corse)

Marjolaine

Fenouil bronze

6 – Préparez les tomates confites : taillez les tomates en 2, assaisonnez d'huile d'olive, sel et poivre. Faites cuire dans un four à 85 °C (th. 2-3) jusqu'à ce qu'elles soient confites (environ 2 h-2 h 30).

7 – Dressage : dans une assiette, étalez le condiment sur la tomate confite, puis saupoudrez de crumble. Ajouter les pousses de népita, marjolaine et fenouil bronze. Versez autour l'eau de tomate et un filet d'huile d'olive. Tartinez de la pâte de tomate sur un toast de pain de campagne.

Astuce du chef :

« Pour lutter contre le gaspillage, vous pouvez faire sécher les peaux de tomate à 85 °C (th. 2-3) et les mixer pour obtenir une poudre. »

Clauderic
Marquet

ANTHONY AUVRAY & CLAUDERIC MARQUET

Retour aux sources gagnant pour Clauderic Marquet et Anthony Auvray. Les deux associés ont pris de la hauteur et, aujourd'hui au pied du mont Blanc, ont trouvé la bonne voilure pour aller de l'avant. Saint-Gervais n'est ni Megève ni Chamonix. C'est un village de vrais montagnards où le bling-bling n'a pas droit de cité. Il suffit d'ailleurs de compter les endroits de luxe sur les doigts de la main pour s'en convaincre. À dix minutes des fastes du mont d'Arbois, c'est presque étonnant.

La grande intelligence de Clauderic Marquet et d'Anthony Auvray aura donc été, d'abord, de trouver le bon positionnement. Un décor chaleureux, moderne et en même temps douillet, un lieu où l'on se sent bien, sans tralala ni familiarités. Le couple a profité de son expérience annécienne – près de dix ans à Une Autre Histoire – pour écrire la suite de son propre récit. Ni dans le folklore tartiflette et reblochonnade, ni dans le homard, caviar et doudoune en soie.

En travaillant avec finesse des produits locaux, entre autres, Clauderic offre une partition plaisante de fraîcheur saisonnière et de savoir-faire intemporel, avec les escargots de pays en croquilles et une très belle pièce de cochon ibérique accompagnée d'une sauce bien gourmande, tandis qu'Anthony régale la salle avec aisance, s'appuyant sur une superbe carte des vins où les régionaux, dont les bugeys, sont bien présentés et accessibles.

Source — 13/20
43, av. du Mont-d'Arbois – 74170 Saint-Gervais-les-Bains

INTERMÉDIAIRE

Truite rose de l'Isère en gravlax, gel mojito & pomme granny

POUR 6 PERSONNES

Préparation : 1 h 45
Cuisson : 25 min
Repos : 24 h

Truite
- 2 beaux filets de truite (environ 300 g chacun)
- 250 g de sucre semoule
- 250 g de gros sel
- 1 c. à café de poivre concassé
- 1 c. à café de baies roses

Gel mojito
- 4,5 cl de jus de citron vert
- 45 g de sucre semoule
- 2 cl de rhum blanc
- 2 g d'agar-agar
- 4 feuilles de menthe fraîche

Pickles d'oignons rouges
- 3 oignons grelots rouges
- 20 cl de vin rouge
- 5 cl de vinaigre de vin rouge
- 20 g de sucre
- 10 graines de coriandre
- 1 pincée de poivre concassé
- 1 feuille de laurier

- 1 pomme granny smith
- 1 citron vert
- Aneth

1 – La veille, préparez les truites : mélangez le sel, le sucre et le poivre, et mettez 1/5e étalé dans un plat. Rincez, puis mettez les filets de truite rose côté peau, recouvrez avec le reste du mélange. Filmez et laissez mariner au réfrigérateur 24 h.

2 – Préparez le gel mojito : dans une casserole, faites rapidement bouillir le jus de citron vert, 4,5 cl d'eau, le rhum et le sucre. Ajoutez l'agar-agar et laissez frémir 1 min tout en fouettant. Débarrassez dans un petit plat et mettez au réfrigérateur 3 h. Quand la préparation est ferme, mixez à l'aide d'un robot à lame fine jusqu'à obtention d'une pâte lisse et brillante. Ajoutez alors la menthe ciselée et mixez à nouveau rapidement jusqu'à ce qu'il n'y ait plus de gros morceaux de feuilles. Débarrassez dans une pipette ou un pochoir et gardez au frais (le gel peut se garder 8 à 10 jours au frigo).

3 – Préparez les pickles d'oignons rouges : faites bouillir le vin, 10 cl d'eau, le sucre et le vinaigre. Ajoutez les aromates et laissez infuser 15 min. Épluchez les oignons grelots et coupez-les en deux pour en extraire des pétales d'oignons. Refaites bouillir la préparation à base de vin et plongez-y les oignons 3 min en remuant et en gardant le liquide frémissant. Débarrassez rapidement dans un petit saladier et laissez refroidir 2 h minimum (les pickles peuvent se garder plusieurs semaines au frais dans un bocal fermé).

4 – Préparez la pomme en l'épluchant, détaillez-la en fins bâtonnets. Pressez un citron vert sur les morceaux de pomme et gardez au frais.

CLAUDERIC MARQUET

5 – Dressage : rincez les filets de truite à l'eau froide et claire, mettez-les dans un linge pour les éponger quelques minutes. Désarêtez les filets (à l'aide d'une pince) et enlevez la peau. Coupez délicatement de fines lamelles de truite. Disposez-les dans une assiette selon votre créativité, en rosace par exemple. Ajoutez des bâtonnets de pomme, des pluches d'aneth, 3 pickles d'oignons rouges (préalablement égouttés) et quelques points de gel mojito.

Astuce du chef:

« J'ai pour ma part ajouté une crème fouettée au citron et décoré le plat avec quelques feuilles de menthe fraîche... »

JULIEN AYRAL

Malbo, un lieu qui semble perdu au milieu de nulle part… Heureusement, avec les « maps » numériques d'aujourd'hui, le pointage est facile : au cœur du Cantal, du côté de Vic-sur-Cère, aux confins du département, à la frontière de l'Aveyron. Mais, quand on est sur le terrain, sur ces routes montagneuses tourmentées et quasi impraticables en saison hivernale, c'est une autre paire de manches ! Julien Ayral, le barbu, et Victoria, sa femme, ont justement voulu faire vivre ce village oublié à travers leur auberge. C'est un choix de vie et, au-delà, comme Gault&Millau l'a souvent souligné en allant chercher au cœur des régions ces auberges militantes, un véritable enjeu de société.

Titrés lors du Gault&Millau Tour en Auvergne-Rhône-Alpes en 2022, Julien et Victoria ont cette passion et cette volonté d'agir pour donner de la vitalité à ce coin magnifique et méconnu. Venus de La Rochelle, où Julien Ayral officiait aux côtés de Johan Leclerre, ils ont trouvé ce petit paradis dans un environnement aux verts profonds et aux hivers rigoureux.

La démarche est entièrement locavore, totalement engagée : respect du produit, cuisine de marché, équilibre et harmonie dans une vision durable. Ce qui n'empêche pas le chef d'inventer, de mettre son grain d'épices, de créer des saveurs nouvelles sur ce que la nature de saison a bien voulu prodiguer. Alors, il faut courir à Malbo, sentir le vent d'Auvergne, respirer, admirer, et goûter le parmentier de canard ou le bœuf de Salers façon Wellington avec son jus corsé truffé, dans le plus beau paysage qui soit.

La Femme du Barbu — 11,5/20
1, rue des Cassalouts – 15230 Malbo

INTERMÉDIAIRE

Foie gras poêlé à l'orange

POUR 4 PERSONNES

Préparation : 15 min
Cuisson : 25 min

60 g de sucre semoule
6 cl de vinaigre de xérès ou de vin rouge
Zeste d'orange
20 cl de jus d'orange
20 cl de fond de volaille
½ chou atlas
4 belles escalopes de foie gras
1 orange
1 Ugli fruit (si vous trouvez)
1 pamplemousse
1 citron
1 citron vert
Feuilles de roquette

1 – Préparez à l'avance tous les ingrédients : sortez le vinaigre et le jus de fruits pour qu'ils soient à température ambiante. Faites chauffer le fond de volaille. Zestez les agrumes, taillez des suprêmes d'agrumes et coupez le chou en fines lamelles. Mettez les escalopes de foie gras au congélateur. Elles seront plus faciles à cuire, elles doreront avant de fondre.

2 – Préparez la gastrique* : faites un caramel sec, sans ajout d'eau, en mettant du sucre dans une casserole, réparti de manière uniforme sur le fond. Faites chauffer à feu vif sans remuer. Dès que le caramel prend une couleur ambrée, déglacez en versant d'un coup le vinaigre et mélangez immédiatement. Le sucre du caramel va cristalliser et former un ou plusieurs blocs, c'est normal, cela vient du fait que le vinaigre fait baisser la température. Faites chauffer à feu doux pendant 5 min, en mélangeant, jusqu'à ce que la préparation réduise un peu. Les blocs cristallisés vont naturellement fondre. Ajoutez le jus d'orange et les zestes. Laissez réduire encore 5 à 10 min. Versez enfin le fond de volaille, faites réduire encore. La sauce est prête lorsqu'elle a une belle consistance sirupeuse, ni trop liquide ni trop coagulée. La couleur doit rester ambrée sans être trop foncée (cela risquerait d'en altérer le goût).

3 – Poêlez le foie, bien doré de chaque côté. Réservez dans une petite assiette. Faites revenir le chou dans le gras du foie et retirez-le, juste croquant.

4 – Dressez dans des assiettes à risotto (ou creuses), en commençant par verser la sauce gastrique, puis le chou atlas, les agrumes et le foie. Décorez de petites feuilles de roquette sur le dessus.

JULIEN AYRAL

LUCAS BADÉ, CHARLES & TRISTAN BERNABÉ

Le travail en famille, les deux frères Bernabé en rêvaient, la Dotation Gault&Millau leur a permis de le réaliser. À Nantes, près du marché Talensac, la rue des Hauts-Pavés, avec ses nombreux artisans de bouche, offre une ambiance de village gourmand. C'est d'ici qu'avec leur pote Lucas Badé les deux frangins surfent désormais sur la nouvelle vague nantaise.

Charles Bernabé se destinait à la finance après des études de commerce. La chance a voulu qu'il s'intéresse à la cuisine et croise la route de Christophe Hay. Pas de meilleur formateur pour vous apprendre à faire vivre les produits du pays et leurs producteurs, à donner envie du goût de la nature et d'une cuisine engagée et durable. Tristan a beaucoup voyagé, jusqu'en Mélanésie, pour observer les coutumes culinaires à travers le monde. Passionné de photographie, il garde des images de toutes ces expériences avant de faire son apprentissage de sommellerie chez Grégory Marchand à Frenchie Bar à Vins.

Un cuisinier, un sommelier: le duo est aussi complice que complémentaire. Et la belle solidarité avec Lucas Badé, le troisième larron, est évidente. C'est ensemble qu'ils travaillent, c'est ensemble qu'ils progressent sur des bases solides, la sincérité, la rigueur, la satisfaction d'une assiette bien construite, bien dressée, bien servie. Les premières assiettes sont pleines de promesses: la cuisson remarquable des poissons, le goût préservé, les jus et les sauces déjà très précis annoncent que Les Cadets vont encore grandir.

Les Cadets — 12,5/20
15, rue des Hauts-Pavés – 44000 Nantes

INTERMÉDIAIRE

Sar, asperges rôties, jambon vendéen & olives de Kalamata

POUR 6 PERSONNES

Préparation : 1 h 20

Cuisson : 1 h 10

2 sars (si possible de Saint-Gilles-Croix-de-Vie) ou 1 daurade

3 belles tranches de jambon vendéen

12 asperges blanches

20 olives de Kalamata

Huile d'olive

Garniture aromatique

2 carottes

1 branche de céleri

1 échalote

20 g de gingembre

5 champignons de Paris

Ail, thym, laurier

1 baie de genièvre

5 graines de coriandre

150 g de beurre

20 cl de muscadet

Vinaigre de xérès

Sel et poivre

1 – Préparez le poisson : levez les filets en retirant les arêtes (conservez les arêtes centrales). Taillez pour obtenir un beau pavé de 120 à 130 g par personne.

2 – Réalisez le fumet au muscadet : lavez les arêtes centrales, faites-les rôtir au four à 180 °C (th. 6) jusqu'à obtenir une belle coloration. Débarrassez dans un grand faitout, ajoutez la garniture aromatique. Faites suer le tout avec une belle noix de beurre, puis mouillez à hauteur avec le muscadet et de l'eau. Portez à ébullition, écumez pour retirer les impuretés, puis faites cuire à petits bouillons pendant 30 min. Passez le tout au chinois étamine, puis faites réduire jusqu'à demi-glace*. Montez avec 100 g de beurre, puis rectifiez l'assaisonnement avec une pointe de vin blanc, de vinaigre et de poivre. Réservez au chaud.

3 – Préparez les asperges : épluchez les asperges, liez-les en bottes, puis cuisez-les dans une eau bien salée et légèrement sucrée pendant 10 à 12 min. Débarrassez en glaçante*, puis réservez au froid.

4 – Tranchez le jambon en fine brunoise. Taillez dans chaque olive deux belles joues, que l'on réserve pour le dressage. Ôtez les noyaux, puis hachez la chair.

5 – Faites rôtir les asperges dans une poêle avec un filet d'huile d'olive. En parallèle, faites rôtir les filets côté peau pendant 2 min pour une belle coloration. Débarrassez sur une grille, puis finir la cuisson avec les asperges au four à 160 °C pendant 1 à 2 min.

CHARLES BERNABÉ

6 – Dressage : taillez les asperges en deux, assaisonnez de fleur de sel et de poivre. Dressez 2 asperges par assiette. Déposez la pulpe d'olive, la brunoise de jambon et quelques joues d'olives. Déposez le poisson rôti, puis versez le fumet au muscadet au centre.

LUCAS BAHUON

Une nouvelle belle histoire de transmission. Comme en famille, serions-nous tentés d'ajouter, tant cette succession sonne comme un symbole de la Bretagne solidaire et fidèle à ses valeurs.

Lucas Bahuon est un pur Breton de Lorient. Certes, le jeune cuisinier a bourlingué, accompli quelques saisons dans de beaux endroits, la montagne, la mer, la Corse, quelques grands maîtres comme Yannick Alléno, et une rencontre décisive chez Jean-Paul Abadie à l'Amphitryon lorientais, une aventure poursuivie avec son successeur Olivier Beurné.

Toujours à Lorient, il enchaîne avec Sources, chez les frères Le Tirrand, et Louise chez un ancien d'Abadie, Julien Corderoch. Il est écrit que ce lien avec la famille Abadie devait perdurer : il intègre le Palo Alto des fils de Jean-Paul, Quentin et Paul, qui lui proposent de prendre la suite.

Le voilà aujourd'hui aux commandes, chef « débonnaire » qui qualifie sa cuisine d'*« humble et généreuse »*. Tout le prouve : le cadre contemporain, cosy et lumineux, l'ambiance de bistrot raffiné, et ces premières assiettes qui révèlent technique et perfectionnisme, le lieu jaune à la braise, blettes et beurre blanc aux algues, la volaille aux oignons grillés, groux de sarrasin et sauce au chouchen.

Le Débonnaire — 12/20
11, boulevard Franchet-d'Esperey – 56100 Lorient

INTERMÉDIAIRE

Maquereau au chalumeau, écailles de pousses d'épinard & de radis breton

POUR 4 PERSONNES

Préparation : 40 min
Cuisson : 10 min
Repos : 1 semaine

4 filets de maquereaux
1 radis blanc
40 petites feuilles d'épinard
Quelques fines tranches de pain
Sel, fleur de sel et poivre blanc

Pickles de graines de moutarde
50 g de graines de moutarde
20 cl de vinaigre blanc
50 g de sucre blanc

Vinaigrette à l'estragon
1 cl de vinaigre balsamique blanc
5 cl d'huile d'olive
10 g d'estragon frais

Beurre blanc estragon
20 g d'échalote
7 cl de vin blanc
1 cl de vinaigre blanc
75 g de beurre doux
2,5 cl de crème liquide 35%
10 g d'estragon frais

1 – Une semaine avant, préparez les pickles de graines de moutarde : faites blanchir 5 fois les graines de moutarde. À l'aide d'un mixeur plongeant, mixez le vinaigre, 5 cl d'eau et le sucre. Versez sur les graines de moutarde et laissez macérer les graines de moutarde minimum 1 semaine avant de servir.

2 – Préparez la vinaigrette à l'estragon : dans un bol, mélangez le vinaigre balsamique blanc et l'huile d'olive. Ajoutez l'estragon finement ciselé, ajoutez à la première préparation.

3 – Préparez le beurre blanc estragon : dans une casserole, mettez les échalotes, le vin blanc et le vinaigre blanc. Faites réduire au ¾ et passez à la passette fine. Incorporez le beurre, puis ajoutez la crème. Ajoutez les feuilles d'estragon hachées finement et 10 g de pickles de moutarde. Assaisonnez de sel et de poivre blanc.

4 – Réalisez les écailles de pain, d'épinard et de radis : taillez à la mandoline des lamelles de radis de 1 mm d'épaisseur, puis découpez 9 ronds par personne à l'emporte-pièce. De même, découpez 9 ronds dans les jeunes feuilles d'épinard et dans le pain. Huilez les tranches de pain à l'aide d'un pinceau, puis passez au four 10 min à 160 °C entre deux plaques.

5 – Dressage : assaisonnez le radis de vinaigrette à l'estragon et de fleur de sel. Filetez, incisez de chaque côté et désarêtez les filets de maquereaux. Salez-les, puis brûlez au chalumeau le côté peau. Badigeonnez avec la vinaigrette d'estragon.

LUCAS BAHUON

FLORIAN BARBAROT

Quelque part à Paris, mais pas n'importe où ni n'importe comment : cette adresse qui sent bon l'avant-garde, à la lisière des 9e et 10e arrondissements, dans le triangle d'or de la bobo-attitude, est juste là où il faut. Comme son chef, le talentueux et déjà célèbre Florian Barbarot. Grenoblois d'origine, il fait ses premières armes auprès de Marc Haeberlin (Auberge de l'Ill, à Illhaeusern). Des débuts prestigieux qui lui permettront de voyager, jusque chez Boulud, à New York, en Suisse et sur les bords de l'Eure, avant un passage remarqué à « Top Chef » qui le propulse parmi les chouchous des *food followers*.

Le voilà désormais chez lui, dans un théâtre lounge, en sous-sol, créant un climat mystérieux dans cette salle volontairement un peu sombre, face aux cuisines ouvertes. L'ambiance est là pour « l'expérience sensorielle » promise. La com est parfois un poil exagérée, mais le chef s'en sort bien, signifiant là que son parcours et cette chance qui lui est offerte ne sont pas juste le fruit du hasard et de la notoriété. Son lieu noir noisette maïs crème froide whisky, avec ses accents tourbés, ou le clam en sponge cake chorizo estragon participent à ces 2 premières toques méritées, enjolivées par l'atmosphère, le vin nature et les cocktails.

Quelque Part — 13/20
1, rue Ambroise-Thomas – 75009 Paris

EXPERT

Sole en croûte de nougat, langoustine snackée & jus de civet de la mer

POUR 6 PERSONNES

Préparation : 2 h
Cuisson : 6 h
Repos : 2 h 05

1 sole de 800 g
200 g de sel

Nougat
20 g d'ail haché
20 g de gingembre haché
20 cl de jus d'orange
20 cl de jus de citron
Les zestes de 1 orange et 1 citron
20 g de miel
2 cl de sukiyaki
40 g de cacahuètes
40 g de bâtonnets d'amandes
40 g de pistaches
40 g de pignons de pin

Civet de langoustines au vin rouge
6 têtes de langoustine
4 échalotes
Thym
Laurier
1,5 l de vin rouge
2 cl d'huile d'olive
200 g de beurre

1 – Levez les filets de sole (vous pouvez également demander à votre poissonnier de vous les préparer). Salez les filets, laissez reposer pendant 5 min, puis rincez-les. Faites sécher les filets sur une grille pendant 2 h au réfrigérateur. Roulez les filets en ballottine. Faites cuire les ballottines au four vapeur pendant 60 min à 48 °C (cf. astuce du chef).

2 – Préparez le nougat : mettez les zestes dans une casserole d'eau froide, puis portez à ébullition. Dès l'ébullition, déposez les zestes dans un bol d'eau très froide. Répétez l'opération cinq fois. Torréfiez les arachides au four à 160 °C (th. 5/6) pendant 8 min. Concassez-les et réservez.

– Dans une poêle bien chaude, faites suer le gingembre et l'ail avec l'huile d'olive. Ajoutez le jus d'orange et de citron et laissez réduire. Ajoutez les zestes, le miel, le sukiyaki et faites bouillir la préparation. Ajoutez les arachides et mélangez puis étalez sur une plaque. Laissez refroidir.

3 – Marquez le morceau de poisson de chaque côté, mettez-le sur une plaque et disposez le nougat tiède dessus.

4 – Préparez le civet de langoustine au vin rouge : torréfiez les têtes de langoustine à four chaud, 200 °C (th. 6-7). Dans une poêle, faites suer les échalotes dans l'huile d'olive. Ajoutez les carcasses de langoustines et finissez de les caraméliser avec les échalotes. Ajoutez le thym et le laurier. Mouillez à hauteur avec le vin rouge. Laissez mijoter 6 h. Passez la préparation au chinois puis faites-la de

FLORIAN BARBAROT

Langoustines snackées
6 langoustines
Huile d'olive
Beurre
Sel et poivre

Bulots
100 g de bulots
1 bouillon de légumes

Mousseline de topinambours
500 g de topinambours
15 cl de lait
Sel

nouveau réduire. Incorporez le beurre à la sauce puis, à l'aide d'un fouet, montez la sauce.

5 – Préparez les langoustines snackées : décortiquez les langoustines, salez et poivrez-les. Snackez-les à l'unilatéral dans de l'huile d'olive bien chaude. Terminez la cuisson en arrosant les langoustines avec du beurre. La langoustine doit être nacrée.

6 – Préparez les bulots : pochez les bulots pendant 25 min dans un bouillon de légumes*. Finissez la cuisson hors du feu et laissez infuser les bulots dans le bouillon jusqu'à refroidissement total, puis décortiquez-les.

7 – Pour la mousseline de topinambours : pochez les topinambours sans les éplucher dans de l'eau salée. Mixez-les dans le lait préalablement chauffé.

8 – Dressage : centrez la ballottine de sole dans l'assiette. Déposez la croûte de nougat dessus, puis la langoustine poêlée. Réalisez un point de mousseline de topinambours. Versez la sauce civet à l'aide d'une saucière.

Astuce du chef :

« Si vous ne disposez pas de four vapeur, la ballottine peut être pochée dans un court-bouillon à 50 °C maximum pendant 12 minutes. »

RÉBECCA BEAUFOUR

Un parcours singulier a conduit Rébecca Beaufour – ici avec son second, Maxime Guillois – à la cuisine et vers ce quartier animé du 10e arrondissement de Paris. La jeune femme a délaissé ses études d'économie à la faveur d'un passage chez Alain Passard, qui a servi de révélateur à sa véritable vocation : pour émouvoir autrui par des saveurs quintessentielles, rien de tel qu'une rencontre avec le prince du potager de la rue de Varenne.

Une mise à niveau chez Ferrandi, de belles expériences chez Guy Martin, au Ritz, période Nicolas Sale, puis au Sénat pour parfaire sa culture classique, et la voilà parée pour envoyer du bao au porc confit et du leche de tigre. Non pas pour épater ou être en phase avec ce coin giboyeux en *foodies*, mais parce que sa curiosité en saveurs du monde la pousse à proposer ses assiettes dans un voyage permanent, où l'on casse gentiment les codes des entrées et plats pour une sympathique pétarade des goûts et des couleurs : gambas au barbecue Konro, poulpe et piquillos, huître livèche et kiwi, agneau au jus corsé et labneh, ça virevolte joliment dans ce cadre clair et zen tout de bois vêtu, dans son enseigne clin d'œil à l'auteur de L'Enfer, rue de Paradis.

Dante — 12/20
14, rue de Paradis – 75010 Paris

INTERMÉDIAIRE

Ravioles pata negra pomme de terre & piment d'Espelette

POUR 4/6 PERSONNES

Préparation : 40 min
Cuisson : 30 min
Repos : 2 h

Pâte
300 g de farine
3 à 4 jaunes d'œuf
Sel

Farce
200 g de pommes de terre
50 g de pata negra
1 œuf
Jaunes d'œuf de caille crus

Dressage
Pata negra
Pousses d'oseille
70 g de beurre au piment d'Espelette
Parmesan râpé

1 – Préparez la pâte à ravioles : dans la cuve du robot, mélangez la farine, le sel et les œufs. Pétrissez jusqu'à l'obtention d'une pâte lisse. Formez une boule et réservez-la au moins 2 h au frais.

2 – Faites cuire les pommes de terre dans de l'eau bouillante salée, épluchez-les. Gardez la pulpe et mélangez-la avec le beurre. Taillez la pata negra en brunoise et ajoutez-la au mélange. Salez.

3 – Étalez la pâte à ravioles à l'aide d'un rouleau, puis passez-la au laminoir pour obtenir une pâte à raviole épaisse de 0,5 mm.

4 – Détaillez la pâte en ronds de 10 cm de diamètre, dorez-les au pinceau avec l'œuf allongé d'eau. Ajoutez la farce au centre. Coulez un jaune d'œuf de caille au centre de la farce. Fermez avec une deuxième raviole. Soudez. Faites cuire 3 min dans l'eau frémissante salée.

5 – Dressage : posez une tranche grasse de pata negra sur chaque raviole pendant qu'elle est encore chaude, ajoutez des pousses d'oseille et du parmesan râpé. Faites mousser le beurre au piment d'Espelette et versez une petite cuillerée sur les ravioles.

RÉBECCA BEAUFOUR

FRICOT
RESTAURANT

LOUISA BELLANGER & MARGOT NICOLAS

Ça fricote sérieusement dans la capitale de l'Anjou ! Louisa Bellanger et Margot Nicolas, copines d'avant, puisqu'elles ont fréquenté le même lycée, se sont retrouvées pour un projet commun, un bar à vin de caractère, proposant bons produits et petites assiettes sur le boulevard Foch, à l'orée du centre-ville.

Margot Nicolas connaît déjà bien l'univers angevin de la bonne quille, pour être passée à Autour d'un Cep et Une Île, la formation chez les époux Bossé constituant un accélérateur certain. Mais, pour l'une comme pour l'autre, la plus grosse expérience vient de leurs voyages aux quatre coins de la planète.

En reprenant Saignant, l'un des établissements de Rémi Fournier (Chez Rémi, rue des Deux-Haies), elles ne partaient pas en terre inconnue. L'esprit du bistrot gouailleur et franc du collier est encore un peu dans la place. Les deux filles y ont mis leur patte, leurs envies, leurs convictions, du bio (le plus possible), des produits de saison (impérativement), et toute une cargaison de vins nature de chez leurs meilleurs amis vignerons.

Le cocktail est imparable : Louisa Bellanger, seule en cuisine, délivre des assiettes qui parlent vrai, qui ont du goût, toujours bien garnies de légumes de saison, tandis que Margot Nicolas apporte le bon conseil sur les accords et la découverte.

Fricot — 11/20
7 bis, boulevard du Maréchal-Foch – 49000 Angers

INTERMÉDIAIRE

Choux garnis de crème au praliné

POUR 6 PIÈCES

Préparation : 30 min
Cuisson : 30 min

La crème au praliné
50 g d'amandes sans peau
50 g de noisettes sans peau
100 g de sucre en poudre
40 cl de crème fleurette

La pâte à choux
7 cl de lait
60 g de beurre
70 g de farine
2 œufs entiers
1 pincée de sucre
1 pincée de sel

Conseil de la cheffe :
« Vous pouvez aussi ajouter un filet de caramel beurre salé et des noisettes torréfiées pour plus de gourmandise, ainsi que du sucre glace au-dessus du chapeau, pour l'esthétique. »

1 – Préparez le praliné : dans une poêle assez grande, versez les amandes, les noisettes et le sucre avec environ 4 cuillerées à soupe d'eau, mettez à chauffer. Pour éviter que le caramel ne brûle, mélangez régulièrement jusqu'à coloration du caramel qui enrobe les fruits secs. Dès que le caramel a la bonne coloration, versez la préparation sur une plaque, le mélange va durcir en refroidissant. Une fois le tout bien refroidi, mixez pour obtenir une poudre – le praliné – et réservez.

2 – Réalisez la pâte à choux : préchauffez le four à 210 °C (th. 7). Dans une casserole, chauffez le lait, 7 cl d'eau, le sucre, le sel et le beurre. Dès le frémissement, incorporez la farine d'un seul coup dans la casserole, et desséchez la pâte en la tapant sur les bords à l'aide d'une spatule. Retirez du feu et réservez dans un saladier. Une fois la pâte tiède, incorporez les œufs un à un.

3 – Réalisez les choux : mettez la pâte à choux dans une poche à douille, laissez refroidir. Sur une plaque à pâtisserie recouverte d'un papier cuisson, formez les choux. Enfournez et laissez cuire 10 min, puis baissez la température à 170 °C (th. 5/6), jusqu'à la fin de cuisson, quand le chou est doré et léger.

4 – Faites la crème au praliné : montez la crème en chantilly à l'aide d'un batteur. Incorporez la poudre de praliné à la spatule (maryse) . Mettez la crème délicatement dans une poche à douille pour garnir les choux.

5 – Montage : coupez les choux en deux et garnissez-les de crème au praliné.

LOUISA BELLANGER

THOMAS BENADY

À Paris, il était tombé dans les Orties, ce qui nous avait permis de le découvrir. Mais nous ne devinions pas qu'un rêve d'ailleurs se dessinerait aussi vite pour Thomas Benady.

La baie du Mont-Saint-Michel, les agneaux de pré salé, les beaux légumes, la crème et le lait des vaches laitières de la Manche… Imaginez un peu ce qu'un cuisinier à la fois doué et amoureux de la nature peut faire d'un terroir aussi riche après avoir connu les trépidations parisiennes.

Au milieu de la verdure et des pommiers, Jessica Schein et Thomas Benady ont retrouvé leur refuge, à la fois très civilisé et un peu sauvage. Le jeune chef peut aller au marché en sifflotant, serrer la main de ses producteurs, courir dans les prés pour la cueillette des herbes, rencontrer les pêcheurs de la baie et s'extasier devant l'arrivage du matin.

Et puis, l'endroit possède un charme certain : un ancien presbytère du XVIe siècle, qu'ils ont aménagé avec goût, sans paillettes, dans le respect de la pierre et de l'environnement. C'est aussi un projet d'une vie différente qu'ils ont pu concrétiser à deux, et leur clientèle les a suivis dans ce bout de Manche, les locaux se faisant un plaisir de la découverte d'une cuisine qui semble improvisée, mais ne l'est pas, la technique bien apprise suivant de près les assiettes.

Auberge Sauvage — 14,5/20
3, place Saint-Martin – 50170 Servon

INTERMÉDIAIRE

Tartelette mauve yaourt maison à la moutarde & jaune d'œuf confit

POUR 2 PERSONNES

Préparation : 25 min

Cuisson : 10 min

Repos : 2 h 30 min

1 pâte sablée salée

Fleurs de mauve

2 jaunes d'œuf

2 c. à soupe de sucre de canne blond

2 c. à soupe de sel gris non traité

Aromates hachés (thym, laurier, graines de coriandre)

Pickles de graines de moutarde

1 pointe de moutarde forte

25 cl de crème liquide

Le jus de 1/4 de citron jaune non traité ou 2 c. à café de vinaigre de cidre

1 gousse d'ail

Sel

1 – Préparez l'œuf confit : mélangez bien le sucre, le sel et les aromates. Dans un plat à gratin, faites deux tas avec ce mélange en en gardant une partie. Posez délicatement les jaunes d'œuf sur chacun des tas et recouvrez-les du reste de mélange. Laissez l'œuf confire « en gravlax » pendant 30 min environ.

2 – Préparez le yaourt à la moutarde : faites chauffer la crème avec une pincée de sel et la gousse d'ail écrasée doucement jusqu'à ce qu'elle commence à faire des bulles. Retirez du feu et ajoutez le citron en remuant une fois la masse. Ajoutez la pointe de moutarde ainsi que les pickles. Laissez le yaourt prendre à température ambiante pendant 1 h, puis mettre au réfrigérateur pendant 1 h.

3 – Faites cuire la pâte sablée dans des moules individuels et laissez-la refroidir à température ambiante.

4 – Dressage : étalez le yaourt de façon homogène au fond de la pâte en veillant à faire un creux au centre si le yaourt a bien pris. Rincez les jaunes à l'eau froide et égouttez-les. Déposez le jaune d'œuf dessalé délicatement dans le creux. Terminez en répartissant les pétales de mauve autour de l'œuf.

THOMAS BENADY

LISA BERGAR & MARIE-FRANCE ROMERO

Sans prétention, mais avec dynamisme, cette joyeuse table a pris la place l'an passé de La Cuillère Jaune, un bistrot bien connu des Caennais, en plein centre-ville. C'est Lisa Bergar, la patronne, qui a tout imaginé pour faire de ce nouveau lieu un point de retrouvailles cool et facile, avec des cocktails et des tapas pour le soir, du grignotage de qualité et des assiettes familières, le tout parfaitement bien travaillé.

En cuisine, Marie-France Romero donne la bonne impulsion, avec ses idées en mode bistrot d'aujourd'hui, un petit fond de canaillerie dans une vision moderne et délurée : rillettes « de mon papy » et pickles de carottes – Lisa, petite-fille de charcutier, tient à ce que la production soit entièrement maison –, galette de quinoa et petits légumes, poulet basquaise purée, granité melon pastèque, verrine rhubarbe streusel, dans un menu du jour renouvelé selon le marché.

On passe ici un moment de détente, dans un décor *girly* et surprenant, comme ce grand cerisier en pot planté au milieu de la salle et la piste pour jouer au mölkky ou au palet breton. Le nom de l'enseigne est un hommage au prénom de la grand-mère de Lisa et, bien entendu, à la première femme pilote de rallye – Simone Louise de Pinet de Borde des Forest –, à l'origine de l'expression populaire.

En Voiture Simone — 11/20
17, rue de l'Oratoire – 14000 Caen

FACILE

Cheesecake
à la betterave

POUR 6 PERSONNES

Préparation : 20 min
Repos : 3 h

Le biscuit

200 g de biscuits apéritif de votre choix

130 g de beurre fondu

La crème

3 betteraves cuites

150 g de fromage frais (Philadelphia ou St Môret)

15 cl de crème liquide

8 cl de lait

4 feuilles de gélatine

Sel, poivre et épices de votre choix

Dressage

1 ou 2 betteraves crues pour la décoration

Graines de pavot

Pickles

1 – Préparez le biscuit : mettez les biscuits dans un mixeur pour les réduire en miettes. Débarrassez dans un saladier, versez-y le beurre fondu. Mélangez le tout de façon homogène. Versez le mélange biscuits-beurre dans un moule à charnières et tassez légèrement afin que le biscuit soit un peu compact. Réservez.

2 – Préparez la crème : réduisez en purée les betteraves avec le lait dans le bol du mixeur. Ajoutez ensuite le fromage frais à cette purée et mixez. À côté, faites ramollir la gélatine dans de l'eau froide. Faites chauffer la crème dans une casserole. Ajoutez la gélatine (essorée) dans la crème bien chaude. Incorporez ensuite cette crème chaude au mélange dans le bol du mixeur. Mixez le tout, assaisonnez à votre convenance.

3 – Finition : versez l'appareil sur le biscuit. Réservez le cheesecake au réfrigérateur au moins 3 h avant de servir.

4 – Dressage : au moment de servir, vous pouvez agrémenter le cheesecake de copeaux de betteraves, de pickles et de graines de pavot.

Astuce de la cheffe :

« Vous pouvez décliner cette recette en version sucrée. Remplacez les biscuits apéritif par des Petit Beurre, et sel et épices par du sucre. »

MARIE-FRANCE ROMERO

PIERRE-ALEXIS BERNARD

Avant tout, un lieu: un rooftop au dernier étage du complexe culturel Artplexe, offrant une vue époustouflante sur la Canebière, face à une église. Celle des Réformés. La déco est savamment étudiée, des meubles de récup des années 1960, des tables hautes et basses en bois de hêtre, des toiles aux murs, de beaux objets et, sur la terrasse, des fleurs et des arbustes. Voilà pour le lieu. L'assiette aurait pu se faire show off, se garnir de caviar à prix sidérants, mais c'est au contraire une cuisine délurée que nous propose le chef exécutif Pierre-Alexis Bernard.

Pour coller à ce nouveau spot très animé en fin de semaine avec un DJ qui met le feu sur les toits, mais aussi des jazz sessions le mardi, rien de tel qu'une carte simple et lisible, des assiettes fraîches et savoureuses, respectant le produit et les cuissons.

On commence à se chauffer les doigts en grignotant la charcuterie italienne et le pain perdu aux olives, avant d'enchaîner sur le sashimi de bonite, les poireaux brûlés gribiche wasabi, le millefeuille de rouget émulsion grenade basilic ou l'onglet de veau fumé polenta jus café... Le pain est bio, les desserts simples et gourmands, les cocktails bien en place, et le vin aime la nature.

Les Réformés — 12,5/20
125, La Canebière – 13001 Marseille

FACILE

Maquereau fumé
au thym, coulis de cresson, éclats de noix & framboises

POUR 6 PERSONNES

Préparation : 50 min
Cuisson : 12 min
Repos : 40 min

6 filets de maquereaux
450 g de cresson
20 cl d'huile d'olive
1 barquette de framboises
Éclats de noix
1 c. à café de piment d'Espelette
Roquette
1 c. à soupe de vinaigre de framboise

1 – Mettez les maquereaux dans l'eau avec des glaçons, laissez reposer pendant 10 min afin de raffermir la chair. Retirez-les et désarêtez-les. Déposez les maquereaux dans un récipient, ajoutez-y du thym, puis, à l'aide d'un chalumeau, brûlez-le. Recouvrez d'un film alimentaire et laissez reposer 30 min.

2 – Pour le coulis de cresson : portez une casserole d'eau à ébullition, incorporez-y le cresson pendant 2 min 30, retirez-le et refroidissez-le dans de l'eau glacée. Une fois totalement refroidi, mixez-le jusqu'à l'obtention d'un coulis. Laissez reposer.

3 – Préparez les maquereaux fumés : déposez les maquereaux dans une assiette. À l'aide du chalumeau, brûlez-les côté peau jusqu'à l'apparition d'une dorure. Mettez-les ensuite au four à 180 °C (th. 6) pendant 4 min.

4 – Dressage : dans chacune des 6 assiettes creuses, déposez 3 c. à soupe de coulis. Sortez les maquereaux du four, arrosez-les de 1 c. à soupe de vinaigre de framboise. Posez un filet par assiette sur le coulis, ajoutez une pincée de roquette. Parsemez de quelques framboises et noix. Versez une cuillerée d'huile d'olive et une pincée de fleur de sel et de piment d'Espelette.

PIERRE-ALEXIS BERNARD

LUCIE BERTHIER GEMBARA

Comme le dit l'un de nos enquêteurs lors de son passage cette année chez Sépia, *« La cheffe Lucie est en pleine forme ! »* Car Lucie Berthier Gembara est une de ces pépites nantaises qui ont fleuri ces derniers temps, et qui soulignent un peu plus le dynamisme de la ville. Originale et créative, sa cuisine joue sur la saison, le marché, avec une prédilection pour le végétal.

Après des études de commerce et des voyages, Lucie Berthier Gembara s'est lancée en cuisine en 2010, se formant à l'Institut Bocuse, avant de fréquenter deux monuments marseillais qui l'ont beaucoup aidée à se construire dans sa formation de cuisinière : Gérald Passedat, au Petit Nice, et Alexandre Mazzia. C'est en 2019 qu'elle imagine et ouvre Sépia.

En lisière du quartier du Bouffay, sur le quai Turenne, la terrasse est accueillante, la salle joliment aménagée, avec vue sur la cuisine ouverte. Candidate cette année à la saison 13 de « Top Chef », la jeune cuisinière laisse parler son imagination et son talent, qui raconte aussi ses prédilections, dans certains mariages méditerranéens notamment, à l'image du fameux labneh maison – olive verte baklava sucré salé, suprêmes d'orange au miel et halva – servi en dessert.

Sépia — 11/20
1 bis, quai de Turenne – 44000 Nantes

INTERMÉDIAIRE

Shiso taco

POUR 6 PERSONNES

Préparation : 45 min
Cuisson : 5 min

Sauce au kombu
200 g de kombu
50 cl d'huile d'olive

Huile au ras el-hanout
25 g de ras el-hanout
2 l d'huile de pépins de raisin

Gelée teriyaki
Sauce teriyaki
Agar-agar

Pommade d'anguille
1 anguille fumée
100 g de crème fraîche
1 botte ciboulette
1 botte coriandre
Sel et poivre
5 g de pickles de graines de moutarde

Dressage
Feuilles de shiso

1 – Pour la sauce kombu : lavez le kombu, mixez-le dans un blender avec 8 cl d'eau et l'huile d'olive. Réservez.

2 – Pour l'huile au ras el-hanout : chauffez l'huile à 60 °C et ajoutez le ras el-hanout. Mixez et passez le mélange au chinois très fin. Réservez l'huile dans une pipette pour le dressage.

3 – Pour la gelée teriyaki : portez la sauce teriyaki à ébullition, ajoutez l'agar-agar en remuant et faites bouillir pendant 1 min. Passez le mélange et coulez-le sur une plaque sur une épaisseur maximum de 4 mm. Découpez des cercles de 4 cm de diamètre à l'aide d'un emporte-pièce. Réservez.

4 – Pour la pommade d'anguille : dans un blender, mixez le filet d'anguille, la crème fraîche, le sel et le poivre ainsi que la coriandre. Ajoutez la ciboulette ciselée et les pickles de graines de moutarde. Réservez dans une poche à pâtisser.

5 – Dressage : au creux d'une feuille de shiso, déposez un cercle de gelée de teriyaki et pochez la pommade d'anguille en ligne. Ajoutez 3 morceaux de filets taillés et refermez la feuille comme un taco mexicain. Déposez 3 tacos au centre de l'assiette et dressez l'huile et la sauce kombu harmonieusement.

LUCIE BERTHIER GEMBARA

SAISONS

PIERRE BLEUZÉ & ANTOINE DACQUIN

La Madeleine, c'est un peu le coin bobo chic de la périphérie lilloise, suite de quartiers calmes et animés, c'est selon, où les *foodies* ne manquent pas. Surtout ceux de la nouvelle vague, comme Florent Ladeyn ou Steven Ramon.

C'est justement après s'être rencontré au Blœmpot, chez Florent, qu'Antoine Dacquin et Pierre Bleuzé ont décidé de s'associer. Au départ, c'était presque un pari d'étudiants : *« On s'entend bien, alors pourquoi pas ? »* C'est devenu au fil des mois une aventure humaine, et Saisons est aujourd'hui un acteur incontournable de la vie locale. Des produits du Nord, bien sûr, des vins de partout, pourvu qu'ils soient bons et naturels, la bière de la brasserie Mad'Brewhouse, à La Madeleine. Les menus s'improvisent au jour le jour, selon la saison, le marché, les envies, à 25 € le midi et à 30 ou 45 € le soir, en trois ou cinq services.

On savoure la pita crème de chèvre et coriandre à l'ortie, superbement mise en concurrence avec le chou-rave, le kiwi et les algues ; le maquereau rencontre la blette et la rhubarbe dans un élégant jeu de textures ; le dessert de drêche, de myrtille et de sarrasin offre un très beau final céréalier et gourmand. Et tout sera nouveau la prochaine fois. Il y aura la betterave, la déclinaison de céleri, le cabillaud ou le lieu jaune, et toujours les vins d'une jolie sélection ou les jus de fruits frais de l'Avesnois...

Saisons - Cave à manger — 13,5/20
2, place Massenet – 59110 La Madeleine

FACILE

« Chouwarma » sauce yaourt à la menthe

POUR 4 PERSONNES

Préparation : 30 min
Cuisson : 30 min
Repos : 48 h

1 chou blanc
150 g de feuille de chou kale (ou chou rouge)
Beurre
200 g de yaourt
1 bouquet de menthe
Sel et poivre

Vinaigre d'aneth
1 bouquet d'aneth
Vinaigre blanc

Huile de menthe
Feuilles de menthe
Huile de tournesol (ou pépins de raisin)

1 – Préparez le vinaigre d'aneth : faites infuser de l'aneth dans du vinaigre blanc pendant quelques jours à température ambiante. Plus vous attendrez, meilleur ce sera.

2 – Préparez l'huile de menthe : faites infuser quelques feuilles de menthe dans une huile, type tournesol ou pépins de raisin, dans une casserole à feu doux sans que ce soit trop chaud (80 °C max) jusqu'à ce que l'huile goûte la menthe.

3 – Préparez le chouwarma (chawarma en version végétarienne) : enlevez 4 grosses feuilles du chou blanc. Plongez-les dans une casserole d'eau bouillante pendant 3 à 5 min, jusqu'à ce que les feuilles soient tendres. Coupez le reste du chou blanc en 4 et émincez-le. Faites fondre du beurre et laissez le chou cuire jusqu'à obtenir une bonne embeurrée bien fondante, salez à votre convenance.

4 – Émincez les feuilles de chou kale (ou de chou rouge) finement, assaisonnez-les avec 3 c. à soupe de vinaigre d'aneth et 6 c. à soupe d'huile de menthe. Salez à votre convenance.

5 – Préparez la sauce yaourt : mélangez le yaourt avec la menthe ciselée finement et 3 c. à soupe de vinaigre d'aneth.

6 – Dressage : disposez le chou kale sur les feuilles de chou blanc, versez la sauce yaourt. Dégustez.

Astuce du chef :
« Vous pouvez adapter la recette du vinaigre d'aneth et de l'huile de menthe avec d'autres plantes de votre choix. »

PIERRE BLEUZÉ &
ANTOINE DACQUIN

Sens.

ALEXANDRE & LOREN BRU

Sa cuisine fait sens et personne, pas même lui, n'a douté de ses capacités à convaincre. Le destin, néanmoins, n'a guère été charitable avec Loren et Alexandre Bru. Après une seule et toute petite journée d'ouverture, en octobre 2020, leur restaurant referme ses portes avec l'instauration du deuxième confinement.

Attendre le mois de juin 2021 a été une rude épreuve, dont ils peuvent être fiers d'être sortis. Certes, d'autres problèmes surgissent, mais ces quelques mois d'incertitude les ont à coup sûr endurcis. Et le plaisir va crescendo dans l'assiette.

Le jeune chef, qui a beaucoup appris à La Grand'Vigne, avec Nicolas Masse, aux Sources de Caudalie, fait appel à la vue, au toucher, à l'odorat et au goût ; dans le même temps, le sens de l'époque, durable et soucieux de l'environnement, y fait largement écho, dans une cuisine responsable et éthique, qui sollicite les exploitants locaux.

De beaux produits, remarquablement mis en valeur, avec la patte d'un futur grand, dosant les épices et les influences orientales avec discernement et justesse, voilà qui donne du sens à cette jeune maison bordelaise.

Sens — 14/20
93, rue de Soissons – 33000 Bordeaux

EXPERT

Langoustines rôties, compotée de bananes aux cacahuètes, écume au saté

POUR 4 PERSONNES

Préparation : 1 h 30
Cuisson : 1 h 15

8 langoustines 10/15

Consommé de langoustines
1 carotte
1 branche de céleri
1 oignon
2 gousses d'ail
20 cl de cognac
3 branches de thym frais
20 g de concentré de tomates

Compotée de bananes au beurre de cacahuète
4 bananes
20 g de cacahuètes
10 g de beurre de cacahuète

Écume de langoustines au saté
100 g de beurre
25 cl de crème liquide
15 cl de saté

Dressage
10 g d'œufs de hareng fumé
Herbes ou micropousses ou fleurs comestibles (pour la finition)
Sel, fleur de sel et poivre

1 – Préparez les langoustines en essayant de garder la queue et le dernier anneau de carapace (mettre les carcasses de côté pour la sauce). Réservez-les au frais jusqu'à la cuisson : faites chauffer une poêle à feu fort, mettez une noisette de beurre, salez les deux faces des langoustines et faites-les griller uniquement sur la partie extérieure du corps pendant environ 45 secondes. Débarrassez sur un plat qui va au four.

2 – Réalisez le consommé de langoustines : émincez carotte, céleri et oignon, écrasez l'ail. Dans une casserole avec un fond d'huile d'olive, versez les carcasses des langoustines, la garniture et le thym. Laissez revenir 5 min à feu doux. Versez hors du feu le cognac, puis faites flamber le contenu (avec précaution, à l'aide d'un allume-feu ou d'un briquet). Ajoutez le concentré de tomates, mélangez bien, puis ajoutez de l'eau jusqu'à la moitié de votre casserole. Augmentez le feu au maximum jusqu'à ébullition, enlevez l'écume à la surface, baissez le feu jusqu'au frémissement et laissez cuire 30 min. Filtrez dans un grand saladier avec une passoire, débarrassez-vous des carcasses et de la garniture aromatique. Remettez à réduire de moitié à petite ébullition. Réservez pour préparer l'écume.

3 – Préparez la compotée de bananes : dans le four à 165 °C (th. 5-6), faites cuire les bananes dans leur peau pendant 15 min. Épluchez-les pour extraire la chair cuite, mixez-la. Ajoutez le beurre de cacahuète, un peu de fleur de sel. Réservez dans une casserole hors du feu, à couvert, afin d'éviter qu'une pellicule

ALEXANDRE BRU

ne se forme. Réalisez une brisure grossière des cacahuètes au couteau. Réservez jusqu'au dressage.

4 – Réalisez l'écume de langoustines : faites chauffer dans une casserole moyenne le consommé de langoustines réduit, le beurre, la crème et le saté. Maintenez au chaud, puis inclinez légèrement la casserole et mettez des coups de mixeur plongeant tout en incorporant de l'air dans la sauce, une belle mousse va se former sur le dessus, à récupérer au moment du dressage à l'aide d'une cuillère à soupe.

5 – Finition et dressage : préchauffez le four à 180 °C (th. 6). Faites chauffer la sauce et la compotée de bananes et rassemblez autour des assiettes. Une fois le four chaud, placez-y les langoustines pendant 1 min (pour une belle cuisson nacrée à cœur). Pendant ce temps, placez dans l'assiette la compotée de bananes avec une cuillère (ou une pipette à sauce). Recouvrez-la de la brisure de cacahuètes. Disposez 2 langoustines chaudes sur le côté, posez dessus les œufs de hareng fumé, puis ajoutez herbes, micropousses ou fleurs comestibles en décoration sur les langoustines et la compotée de bananes. Enfin, ajoutez l'écume de langoustines au saté au centre de l'assiette.

CÉDRIC BRUNEAU

La malchance a voulu que Cédric Bruneau, chef méticuleux et prévoyant, ouvre son restaurant pour devoir le fermer une semaine plus tard pendant plusieurs mois. D'autres en auraient été affectés. Mais le jeune homme, à la tête bien faite, formé notamment auprès de Jean-Marie Baudic au Ciel de Rennes, après quelques années d'études en pharmacie et un CAP de cuisine à Limoges, a ainsi pu roder des idées et peaufiner son réseau de fournisseurs, locaux bien sûr. Un mal pour un bien, auraient affirmé certains.

La démarche de Cédric est totalement écoresponsable – même le mobilier vient de récupération de bois de palettes – et, dans la cambuse, du bio, du bien élevé, du bien cultivé, du bien brassé, du bien vinifié, et du bien cuisiné, évidemment ! Le menu change aussi vite que l'approvisionnement, et les fidèles, déjà nombreux, n'ont jamais l'occasion de s'ennuyer avec cette cuisine fraîche, innovante et spontanée.

Un premier trophée Jeune Talent glané l'an passé au Gault&Millau Tour Grand Ouest à Morlaix a eu de quoi mettre en confiance toute une équipe solidaire autour du chef. Romain, en salle, assure la bonne transmission des idées, mais également de l'enthousiasme, qui anime la maison tout entière. Dernier atout, et de taille, des tarifs bien ajustés.

Fezi — 12,5/20

42, avenue Sergent-Maginot – 35000 Rennes

FACILE

Asperge grillée, coques et carotte fumée

POUR 8 PERSONNES

Préparation : 40 min
Cuisson : 1 h 30

16 belles asperges vertes
12,5 cl de lait
12,5 cl de crème liquide
2 g d'agar-agar
4 carottes
1 petit oignon rosé
500 g de coques
Vinaigre de cidre
Huile fumée
Beurre
Fleurs et feuilles de capucine
Sel

1 – Préparez les asperges : écussonnez* les asperges et réservez les parures (queues et écussons de l'asperge). Faites cuire les parures dans le lait et la crème pendant 20 min. Ajoutez l'agar-agar, faites bouillir 2 min, puis laissez refroidir. Mixez, rectifiez l'assaisonnement et passez au chinois.

2 – Préparez la purée de carotte fumée : épluchez et faites suer les carottes et l'oignon au beurre. Mouillez avec de l'eau à peine à hauteur et cuire 1 h. Mixez très finement avec l'huile fumée, le vinaigre de cidre et rectifiez l'assaisonnement.

3 – Cuisez à l'anglaise* les coques 7 secondes et décoquillez-les. Faites cuire les asperges au gril ou au barbecue.

4 – Dressez la purée de carotte fumée, puis les asperges, les coques et les fleurs. Ajoutez le condiment asperge en points généreux. Décorez de fleurs et feuilles de capucine.

CÉDRIC BRUNEAU

JULIE BUQUET & BENJAMIN GOURDON

La fraîcheur contemporaine à un quart d'heure des peintures de Lascaux, voilà qui crée un plaisant contraste sur les bords de la Vézère. D'autant que Julie et Benjamin, à peine un demi-siècle à eux deux, ont leurs propres idées pour décorer les murs : tout ici, jusqu'aux tableaux, raconte le terroir et la gourmandise. Car l'essence même du Boïdicou (en occitan, le panier en osier avec lequel on fait son marché) est bien de se fournir auprès des producteurs locaux, le maraîcher, le fromager, le vigneron…

Il suffit de consulter le menu et la carte des vins pour s'en convaincre : pour le couple, l'avenir est dans la relation directe et durable. Et le succès est déjà là, au quotidien, grâce à ces formules attractives et à cette table pleine de sincérité. Pour les beaux jours, on pousse les murs en offrant quelques places supplémentaires sur la petite terrasse.

Chacun à son poste anime l'établissement en apportant sa jeunesse et son dynamisme. Julie, passée par quelques maisons parisiennes, dont Hélène Darroze, et Benjamin se partagent le travail équitablement en cuisine. Manon les accompagne pour transmettre la bonne parole. Tout est fait sur place, même les jus de fruits frais, et rien ne se perd, chaque partie de l'animal, chaque élément végétal, dans des compositions qui évoluent naturellement au rythme des saisons.

Le Boïdicou — 12/20
27, route des Eyzies – 24290 Thonac

FACILE

Risotto à la truffe noire du Périgord

POUR 6 PERSONNES

Préparation : 5 min
Cuisson : 18 min

450 g de riz Arborio spécial risotto (ou de petit épeautre ou de coquillettes)
20 g de truffe noire
1,5 l de bouillon de poule (ou autre)
1 oignon
2 c. à soupe d'huile d'olive
10 g de beurre
10 cl de monbazillac (ou un autre vin blanc moelleux)
60 g de tomme de Sarlat
60 g de crème fraîche légèrement fouettée
Sel et poivre

1 – Portez le bouillon à ébullition et réservez-le au chaud.

2 – Réalisez le risotto : faites chauffer le beurre et l'huile d'olive dans une grande casserole. Ajoutez l'oignon finement haché et laissez fondre 5 min, il doit devenir transparent. Incorporez le riz et mélangez rapidement pour qu'il s'imprègne bien de matière grasse. Versez le monbazillac et laissez évaporer complètement sans cesser de mélanger. Ajoutez alors une louche de bouillon. Poursuivez la cuisson à feu moyen en remuant souvent et en ajoutant les louches de bouillon progressivement. Au bout de 15 min, goûtez la préparation, le riz doit rester fluide avec des grains fermes.

3 – Finition : coupez 6 tranches fines dans la truffe à la mandoline (ou au couteau) et réservez-les. Hachez grossièrement le reste et ajoutez au risotto. Laissez cuire 2 ou 3 min encore en ajoutant un peu de bouillon si nécessaire. Assaisonnez. Lorsque le riz a la consistance souhaitée (il doit être légèrement coulant), retirez du feu et ajoutez la crème fraîche et la tomme râpée en mélangeant rapidement. Laissez reposer 2 min.

4 – Dressage : servez le risotto dans un grand plat ou des assiettes individuelles chaudes, ajoutez les tranches de truffe réservées.

Astuce du chef :
« J'ai ajouté des ravioles de truffes colorées au charbon végétal sur le dessus, telles de belles truffes noires ! »

JULIE BUQUET &
BENJAMIN GOURDON

deux

ROMAIN CASAS & TIPHAINE MOLLARD

Deux personnalités, une envie et un projet. Après s'être rencontrés au Club, un restaurant parisien établi au pied de la tour Eiffel, Tiphaine Mollard, la Savoyarde, et Romain Casas, le Béarnais, ont décidé de continuer la route à deux, unissant leurs talents. Ils ont pu s'installer dans une rue calme du trépidant 11e arrondissement grâce à la Dotation Gault&Millau, dont ils ont été lauréats en 2021. Leur concept est évidemment lié au partage : on cuisine ensemble, on sert ensemble, on fait la décoration ensemble. Certains plats emblématiques symbolisent la synthèse de cette entente cordiale, qui marie leurs racines avec volupté, comme la belle pièce de cochon d'Éric Ospital et son jus corsé maison, accompagnée d'un risotto de crozets parsemé de lamelles de céleri fumé au pin.

Jolie à l'œil, malicieuse dans sa conception interrégionale, cette cuisine est aussi très gourmande, offrant aux Parisiens un condensé des richesses locales. Romain Casas, qui a eu la chance de croiser Alain Dutournier au Carré des Feuillants, à Paris, et Vivien Durand aux Contrebandiers, à Biarritz, a le sens de la fête à table et le lien se crée simplement. Jusque dans les verres, avec des vins du Sud-Ouest, comme de Savoie, à découvrir, dans une cave éclectique qui aime le naturel.

Deux – Bistrot de chefs — 13,5/20
58, rue de la Fontaine-au-Roi – 75011 Paris

INTERMÉDIAIRE

Pot-au-feu végétarien, gnocchis au beaufort, légumes de saison

POUR 4 PERSONNES

Préparation : 1 h 20
Cuisson : 2 h 20

Légumes et bouillon
1 brocoli
2 poireaux
2 échalotes
Beurre
Poivre blanc de Madagascar

Gnocchis
400 g de pommes de terre Agata
100 g de beaufort
1 œuf
200 g de farine
100 g de Maïzena
Beurre
Gros sel

Pickles de radis
1 botte de radis
100 g (10 cl) de vinaigre blanc
100 g de sucre
5 g de sel

1 – Confectionnez les gnocchis : faites cuire les pommes de terre avec leur peau au four préchauffé à 180 °C (th. 6) sur un lit de gros sel, jusqu'à ce qu'elles soient bien fondantes. Comptez 30-45 min suivant la taille des pommes de terre. Épluchez et écrasez les pommes de terre. Ajoutez l'œuf, une pincée de sel, la farine et la fécule petit à petit. Mélangez bien afin d'obtenir une pâte qui ne doit ni coller ni être élastique.
– Faites des boudins de pâte d'environ 1,5 cm et détaillez des gnocchis de 2 cm de long. Faites cuire les gnocchis dans un grand volume d'eau bouillante salée, sortez-les lorsqu'ils remontent à la surface et plongez-les dans un bol d'eau glacée.

2 – Préparez les légumes (gardez les parures pour le bouillon) : coupez les échalotes en deux dans le sens de la longueur. Faites-les colorer, à la limite de brûler, dans une poêle très chaude. Faites-les rôtir au four préchauffé à 180 °C (th. 6) avec du beurre 10 min.
– Taillez en deux et émincez les poireaux. Faites-les revenir avec un filet d'huile d'olive et du sel dans une casserole. Ajoutez 15 cl d'eau si besoin afin qu'ils ne colorent pas trop.
– Mettez les radis dans une poêle très chaude avec un filet d'huile d'olive. Ajoutez une pincée de sel et faites revenir quelques minutes avant d'ajouter de l'eau à hauteur. Laissez cuire 10 min.
– Coupez les têtes de brocoli et faites-les cuire 5 min dans de l'eau bouillante salée. Ils doivent rester croquants.

3 – Préparez les pickles de radis : faites bouillir 10 cl d'eau, le vinaigre blanc, le sucre et le sel.

ROMAIN CASAS &
TIPHAINE MOLLARD

Taillez les radis (gardez-en quelques-uns crus pour le dressage) à la mandoline en tranches de 1 mm. Mettez-les dans un bocal. Versez le liquide chaud dessus et fermez immédiatement le bocal. Ouvrez-le une fois refroidi.

4 – Préparez le bouillon de légumes : mettez toutes vos parures de légumes dans une casserole et mouillez avec de l'eau froide à hauteur. Mettez quelques grains de poivre blanc de Madagascar et du sel. Laissez cuire à frémissement pendant 30 min. Filtrez et réservez.

5 – Dressage :

– Faites revenir les gnocchis de chaque côté dans une poêle avec du beurre.
– Faites réchauffer les légumes séparément.
– Dans le fond de l'assiette, déposez les brocolis, les radis et les poireaux. Ajoutez les gnocchis poêlés. Déposez quelques radis crus, des pickles de radis, des copeaux de beaufort et l'échalote confite. Ajoutez un peu de fleur de sel et du poivre blanc de Madagascar.
– Versez le bouillon bien chaud devant vos convives.

BENOÎT CELLOT

Un bistrot de chef, c'est rassurant. Et quand celui-ci s'adosse à une maison aussi célèbre et vénérable que le Grand Monarque à Chartres, l'appétit s'ouvre doublement. On sait que le propriétaire, Bertrand Jallerat, est un expert du casting, comme on peut en juger avec Thomas Parnaud, à la tête du gastro. Changement de décor et de perspective dans la rue commerçante de la ville, au pied de la cathédrale : le Bistrot Racines. Et c'est un chef solide et pro, Benoît Cellot, qui défend la notoriété de la maison à travers une carte qui réjouit les amateurs de classiques par le niveau d'exécution.

On se régale du pot de rillettes de boudin noir à partager, on craque pour l'œuf mayo maison ou le pâté en croûte, mais on aime aussi les twists de fantaisie sur les produits locaux, comme les beignets de silure ou le paleron de bœuf du Perche au vin de Loire.

Cette vision moderne du bistrot d'hôtel est bien la réussite d'un chef qui met son savoir-faire au service d'assiettes simples en apparence et impeccablement travaillées, comme un symbole réjouissant de la cuisine au quotidien, accessible et gourmande.

Bistrot Racines — 12,5/20
49, rue des Changes – 28000 Chartres

INTERMÉDIAIRE

La cocotte « Racines » aux légumes d'ici

POUR 4 PERSONNES

Préparation : 20 min
Cuisson : 15 min

4 œufs fermiers bio
½ potimarron
2 carottes orange
2 carottes jaunes
1 patate douce
2 navets blancs
½ betterave rouge
1 jeune poireau
Quelques graines de courge torréfiées
Jeunes pousses
Quelques gouttes d'huile de lin
Piment de Beauce
Fleur de sel

1 – Préparez l'œuf mollet : plongez les œufs dans l'eau bouillante et salée pendant 5 min 30 s, stoppez la cuisson en les plongeant dans l'eau glacée quelques minutes, puis écalez-les délicatement. Réservez au frais.

2 – Préparez les légumes : taillez les légumes selon votre humeur. Plongez-les quelques minutes dans l'eau bouillante salée suivant leur couleur. Taillez le potimarron en lamelles et faites-les rôtir au four à 180 °C (th. 6) pendant 20 min. Faites cuire également au four la patate douce enveloppée d'une feuille de papier aluminium pendant 20 min, puis épluchez-la et mixez avec quelques gouttes d'huile de lin.

3 – Dressage : faites poêler les légumes quelques minutes dans une grande poêle à feu vif, ajoutez l'œuf en fin de cuisson, dressez sur l'assiette dans l'ordre suivant : la purée de patate douce, l'œuf et les légumes, puis les jeunes pousses de salade. Parsemez de graines de courge, assaisonnez de fleur de sel et piment de Beauce.

BENOÎT CELLOT

LOU BI

BORIS CHAPON

Les Cévennes, mystérieuses et profondes, font rêver les touristes en mal d'aventure. Pour Boris Chapon, qui est né pas loin d'Anduze, le retour à la source était naturel. Alès, ville travailleuse et jadis minière, est une porte ouverte vers ces paysages magnifiques, tout en gardant ses traits méridionaux, à trois quarts d'heure de Nîmes ou d'Avignon.

Nous avons souvent loué les talents de pâtissier de Boris, qui s'est illustré à ce poste dans de nombreuses grandes maisons, chez Jean-Luc L'Hourre, à Propriano, chez Édouard Loubet, à Bonnieux, ou encore chez Michel Kayser, le pape de la gastronomie gardoise. Mais celui qui fut tout d'abord formé chez Jérôme Nutile a commencé par la cuisine, avec un bac pro qui l'a amené à évoluer, selon ses aptitudes, du salé au sucré, sans jamais abandonner une vocation généraliste.

Avec sa compagne Isla-Luna Vegas, rencontrée lors de son passage en Corse, le désir d'avoir leur propre établissement a germé très vite. Il fallait un déclic, ce fut la Dotation Jeune Talent de Gault&Millau en 2020. Ainsi est né Lou Bi, une aventure commune pour ce Gardois fier de ses origines.

Tout autour, les collines, les vignes et les bons producteurs garantissent un approvisionnement de qualité, lui permettant de créer une cuisine enracinée, mais aussi pleine de fantaisie et de vivacité, tout en montrant un bagage aux fondements solides.

Lou Bi — 13/20
4, rue Rellon – 30100 Alès

EXPERT

Diverses textures d'un potimarron
en cristalline de sucre soufflé

POUR 8 PERSONNES

Préparation : 2 h
Cuisson : 1 h 30

Sphères en sucre soufflé
300 g d'isomalt
Colorant orange

Glace au potimarron
250 g de potimarron
80 g de beurre
30 g de farine
500 g de lait
62 g de lait en poudre
100 g de sucre
10 g de glucose

Espuma de clémentine
1 l de jus de clémentine
4 feuilles de gélatine
300 g de crème liquide
115 g de sucre

Poêlée de potimarron
200 g de potimarron
2 c. à soupe d'huile d'olive
3 c. à soupe de sucre

Chouchous aux graines de courge
333 g de graines de courge
133 g de sucre
Beurre de cacao

1 – Préparez les sphères de sucre soufflé : faites fondre l'isomalt dans une casserole avec le colorant. Une fois que tous les grains d'isomalt sont dissous et que la préparation bout, versez-la sur une feuille de silicone. Laissez-la légèrement refroidir quelques secondes sans y toucher. À l'aide de gants à sucre (facultatifs, mais on peut se brûler sans), travaillez la pâte jusqu'à détacher, à l'aide d'un ciseau, un morceau de la taille d'une grosse cerise. Roulez le morceau dans la paume des mains jusqu'à obtenir une boule. Creusez un trou avec le doigt et fixez la boule de sucre sur le tube métallique au bout de la pompe à sucre. Soufflez doucement la sphère en sucre en tirant légèrement la pointe. Séparez la boule de la pompe à l'aide d'un ciseau. Répétez l'opération 8 fois en travaillant le sucre sous une lampe chauffante.

2 – Préparez la glace au potimarron : pelez, coupez le potimarron en cubes et faites-le suer avec le beurre. Singez* avec la farine. Confectionnez un sirop avec le lait, le lait en poudre, le sucre et le glucose. Chauffez à feu doux. Versez sur le potimarron et mixez. Versez dans une sorbetière ou une turbine à glace.

3 – Préparez l'espuma de clémentine : faites réduire de moitié le jus de clémentine dans une casserole à feu doux. Ajoutez la crème et le sucre, portez le mélange à ébullition. Ajoutez la gélatine préalablement ramollie dans un bol d'eau froide. Versez dans un siphon avec 2 cartouches de gaz.

4 – Préparez la poêlée de potimarron : taillez une brunoise de potimarron. Faites-la sauter rapidement avec l'huile d'olive, sucrez légèrement.

BORIS CHAPON

Tuiles nature
50 g de beurre
50 g de sucre
2 blancs d'œuf
50 g de farine
Colorant vert

Crumble
50 g de beurre fondu
50 g de sucre
50 g de farine
50 g de poudre d'amandes
2 clémentines

5 – Préparez les chouchous : chauffez le sucre et 5,5 cl d'eau à 110 °C, ajoutez les graines de courge. Faites cuire à feu doux jusqu'à coloration, ajoutez le beurre de cacao. Faites refroidir sur une surface froide.

6 – Préparez les tuiles nature : mélangez les blancs d'œufs et le sucre, ajoutez la farine, le beurre fondu et le colorant. Étalez la pâte sur une feuille de silicone et découpez-la en formes de feuilles de potiron. Préchauffez le four à 160 °C (th. 5-6), enfournez et laissez cuire 6 min. Donnez-leur une légère courbure en les sortant du four.

7 – Préparez le crumble : mélangez tous les ingrédients, enfournez à 160 °C, jusqu'à coloration.

8 – Dressage : garnissez les sphères de sucre soufflé dans l'ordre suivant : 1 c. à café de chouchous, puis l'espuma jusqu'à la moitié, terminez par la poêlée de potimarron et quelques segments de clémentine. Déposez la glace sur un peu de crumble, à côté de la sphère, déposez les tuiles sur le dessus des sphères.

ALBAN CHARTRON

Si Alban Chartron souhaitait une discrétion absolue, c'est raté. Et, pas plus que sa maison, son aventure est loin d'être un mystère caché pour la planète *food*. Lorsque, l'an passé, nous avions poussé la porte de Cèna, dans la gourmande rue Treilhard, à Paris – une adresse ouverte par David Lanher, véritable dénicheur de talents, en duo avec Laurent Plantier –, nous avions d'emblée attribué 2 toques à ce cuisinier au CV impressionnant (Alain Ducasse, Philippe Rochat, Anne-Sophie Pic, Éric Frechon…). Quelques mois après, l'oiseau s'envolait pour la Bretagne où, bien sûr, nous l'avons suivi.

Avec Sarah Alba, cheffe pâtissière et responsable de salle, ils ont trouvé une très jolie maison du XVIe siècle à pans de bois au cœur de ce pittoresque village morbihannais. Une demeure qu'ils ont décorée avec soin et respect pour la pierre, les poutres et la grande cheminée. Celui qui fit ses premières armes chez Davy Tissot à la Villa Florentine montre aujourd'hui le meilleur d'une cuisine enracinée, dont l'approvisionnement n'excède pas 50 km à la ronde, et totalement maîtrisée.

Quelques mois après l'expérience parisienne, on ressent ici avant tout le vent de la liberté, d'un certain bonheur partagé, qui se communique très naturellement à l'ensemble de la maison et aux convives eux-mêmes.

Maison Cachée — 13/20
9, rue Haute-Candre – 56220 Rochefort-en-Terre

FACILE

Coquillages & courgettes
purée d'amandes douces, vinaigrette curry-estragon

POUR 4 PERSONNES

Préparation : 1 h 10
Cuisson : 2 h 20

Purée d'amandes douces
25 cl de lait d'amande bio
80 g de poudre d'amandes émondées bio
3 g de sel fin de Guérande

Vinaigrette curry-estragon
2,5 c. à soupe d'huile d'olive
2,5 cl de jus de citron
5 g de curry Madras (Shira)
3 g de miel
2 g de gingembre frais
5 g d'estragon
2 g de citronnelle
4 g de sel fin de Guérande

Courgettes & coquillages
250 g de coques
100 g de couteaux
250 g de moules
300 g de courgettes vertes
Huile d'olive (pour les cuissons)
1 citron jaune
20 cl de vin blanc
1 échalote

Dressage
Algues fraîches
Dulse
Laitue de mer
Wakamé
Feuilles de basilic ou autres (estragon, aneth, fenouil)
Salicornes

1 – Préparez la purée d'amandes douces : mélangez au fouet l'ensemble des ingrédients, puis mettez-les dans un bol. Filmez hermétiquement et faites cuire à la vapeur, 1 h à la Cocotte-Minute (ou à 100 °C au four vapeur), ou bien cuire sur le feu à petite ébullition en remuant très régulièrement pendant 1 à 2 h. Mettez le tout dans la cuve d'un blender et mixez à pleine vitesse pour obtenir une purée lisse et crémeuse.

2 – Préparez la vinaigrette curry-estragon : lavez et effeuillez l'estragon. Épluchez et râpez finement le gingembre. Hachez très finement la citronnelle. Réunissez les éléments dans la cuve d'un blender (ou au mixeur plongeant), mixez (l'estragon doit rester haché finement mais pas en purée).

3 – Préparez courgettes & coquillages : lavez très soigneusement dans plusieurs bains d'eau les coquillages sans les mélanger, égouttez-les. Émincez l'échalote, zestez le citron.
– Lavez et taillez de jolis tronçons de courgette, gardez-en une et taillez-la en fins copeaux pour la décoration. Faites revenir les courgettes dans une casserole sans coloration à l'huile d'olive, ajoutez l'échalote et les zestes de citron, laissez cuire à couvert, gardez les courgettes *al dente*.
– Mettez les coquillages dans une casserole et ajoutez le vin blanc, faites cuire à plein feu pour les ouvrir, stoppez dès qu'ils le sont. Décortiquez-les, gardez quelques coquilles pour le dressage, récupérez le jus de cuisson. Taillez finement les couteaux, réservez le tout au frais.
– Émulsionnez le jus des coquillages avec le jus du citron et l'huile d'olive, comme une vinaigrette.

ALBAN CHARTRON

Conseil du chef :

« Vous pouvez aussi bien manger ce plat glacé un midi de plein été, ou tiède en réchauffant les coquillages et courgettes dans le jus avant de dresser. »

4 – Dressage : disposez une bonne cuillerée de purée d'amandes dans le fond d'une assiette creuse, réalisez un cercle autour (pour retenir le jus à venir). Mélangez les coquillages, les courgettes et assaisonnez avec le jus émulsionné. Rangez soigneusement les tronçons de courgettes, puis intercalez quelques coquilles que vous remplirez ensuite du mélange de coquillages. Plantez quelques copeaux de courgettes crues pour donner de la hauteur, et rangez comme un bouquet les différentes algues, salicornes et herbes fraîches que vous aurez à disposition. Servez la vinaigrette curry-estragon en saucière ou versez directement sur l'ensemble.

GAËTAN CHAUVEY, MARIE DUPUY & DIDIER LE MEUR

Oui, aujourd'hui à Toulouse, cela fait du bien d'être mordu ! Plus par de bons vins et de bonnes assiettes que par un chacal ou un doberman, c'est évident. Marie Dupuy, Gaëtan Chauvey et Didier Le Meur orientent le bon choix dans leur charmant jardin-terrasse qui prolonge une petite salle de cette rue Saint-Roch, au milieu du quartier tranquille de Saint-Agne.

Gaëtan Chauvey est aujourd'hui un sommelier heureux. Il est chez lui, il a monté sa cave comme il l'a voulue et présente aujourd'hui 250 références qui rendent justice aux trop méconnus vignobles du Sud-Ouest. Il vous prouvera qu'autour de la ville rose, il n'y a pas que Fronton, et ira piocher dans les départements voisins de quoi séduire.

Les trois associés privilégient bien sûr l'approvisionnement local, le marché de saison, avec beaucoup de beaux légumes, bio et souvent en permaculture, qui viennent renforcer un poisson de ligne ou une épaule de cochon, quand le plat n'est pas lui-même centré sur le légume (nous nous sommes régalés avec la crème de blette et Brebiac), l'un des trois plats proposés étant végétarien. Au moment du dessert, Didier Le Meur, qui fournit aussi les pains de la maison, prend le relais avec des mariages de saison, comme la fraise et la rhubarbe.

Mordus — 11/20

90, rue Saint-Roch – 31400 Toulouse

INTERMÉDIAIRE

Côtes de chevreau grillées, céleri-rave en croûte & pesto d'ail des ours

POUR 6 PERSONNES

Préparation : 50 min
Cuisson : 1 h 55

12 côtes de chevreau
Huile
Sel et poivre

Céleri-rave en croûte
1 céleri-rave
Quelques feuilles d'ail des ours
200 g de farine de blé
50 g d'huile d'olive
1 c. à café de thym séché
1 pincée de sel

Carottes fanes et échalotes nouvelles au four
12 petites carottes fanes
12 échalotes ou oignons nouveaux
2 c. à soupe d'huile d'olive
Sel et poivre

Pesto d'ail des ours
50 g de feuilles d'ail des ours
10 cl d'huile d'olive
2 c. à soupe de jus de citron
2 c. à soupe de pignons de pin torréfiés
Sel et poivre
Parmesan râpé (facultatif)

1 – Côtes de chevreau : découpez la viande en 6 petits carrés de 2 côtes. Préchauffez une poêle avec de l'huile neutre. Déposez les carrés dans la poêle et colorez toutes les faces en salant et poivrant. Réservez.

2 – Céleri-rave en croûte : pelez et taillez le céleri en 6 gros cubes (4x4 cm). Faites cuire les cubes dans un grand volume d'eau salée bouillante pendant 20 min. Faites la pâte en mélangeant la farine avec le thym et le sel, ajoutez l'huile, sablez l'ensemble et ajoutez 3 cl d'eau pour que la pâte soit homogène (ni collante ni trop sèche). Enroulez les cubes de céleri dans 2 feuilles d'ail des ours. Étalez 6 petits pâtons de pâte et enveloppez les cubes, enfournez dans un four à 180 °C pendant 30 à 35 min.

3 – Carottes fanes et échalotes nouvelles au four : pelez, brossez les carottes et enlevez la première peau des échalotes. Posez-les sur un papier cuisson dans une plaque à rebord ou un plat en verre, versez 5 cl d'eau au fond du plat. Assaisonnez les légumes avec l'huile d'olive, le sel et le poivre. Mettez dans un four à 180 °C (th. 6) pendant 40 à 45 min.

4 – Pesto d'ail des ours : lavez les feuilles d'ail des ours et séchez-les. Mettez tous les ingrédients dans le bol d'un robot mixeur, et mixez jusqu'à ce que le mélange soit lisse et brillant. Rectifiez l'assaisonnement si besoin.

5 – Dressage : réchauffez les côtes de chevreau grillées au four à 180 °C (th. 6) pendant 5 min. Servez avec le céleri-rave en croûte, les carottes fanes et échalotes nouvelles au four et le pesto d'ail des ours.

MARIE DUPUY

narro
Narro
Kazuma Chikuda

KAZUMA CHIKUDA

Ce fut un temps l'Atelier 72, mais, depuis l'automne 2020, c'est un nouveau venu du pays du Soleil-Levant qui s'est installé place de la Contrescarpe. Fort d'un bagage impressionnant, Kazuma Chikuda a posé ses couteaux pour faire vibrer tout le Quartier latin.

Les touristes qui arpentent dans les deux sens la rue Mouffetard n'en croient pas leurs yeux. Oui, on peut encore manger autre chose que du burger, de la pizza et des kebabs dans ce coin instagrammé à toute heure du jour et de la nuit. On peut même y goûter une cuisine française fine et personnalisée par un chef japonais qui sort de l'ordinaire du sushi-bar. C'est presque un scoop.

Mais Kazuma Chikuda n'est justement pas un cuisinier ordinaire. Formé à Nagano, il se frotte à la cuisine française dans les restaurants de Paul Bocuse au Japon, travaille pour le groupe Hiramatsu, puis débarque en France avec une double culture immédiatement mise en pratique. Il devient chef du Sot L'y Laisse, dans le 11e, avant d'être sollicité pour ce beau projet, qui ne deviendra réellement effectif qu'à la fin du deuxième confinement.

Depuis, tout va bien, la vitesse de croisière est atteinte, et cette carte subtile et parfumée plaît à tout le quartier, y compris aux touristes, car elle reste accessible en tarifs comme en saveurs : l'œuf parfait à l'anguille fumée ikejime, les aubergines marinées au miso et ricotta fumée, la canette de Barbarie aux eryngiis jus au cassis condiment praline rose donnent corps à un moment délicieux, ponctué des excellents choix vinicoles de Thomas Legrand, sommelier expert.

Narro — 12,5/20
72, rue du Cardinal-Lemoine – 75005 Paris

FACILE

L'œuf de printemps

POUR 4 PERSONNES

Préparation : 15 min
Cuisson : 30 min

4 œufs bio
120 g de petits pois frais
8 asperges blanches
80 g de beurre doux
1 gousse d'ail ciselée
2 échalotes ciselées
6 c. à soupe de sauce soja salée
4 branches d'estragon ciselées
3 c. à soupe de vinaigre de vin blanc
4 tours de moulin à poivre blanc
2 pincées de sel

1 – **Pochez les asperges blanches** dans de l'eau salée, puis réservez.

2 – **Faites blanchir les petits pois** frais écossés, puis réservez.

3 – **Pochez les œufs bio** dans de l'eau frémissante avec 3 c. à soupe de vinaigre de vin blanc, puis réservez au chaud.

4 – **Poêlez les légumes :** faites fondre le beurre dans une poêle jusqu'à l'obtention d'une couleur noisette. Ajoutez les asperges blanches épluchées et coupées en biseau. Une fois les asperges rôties, ajoutez dans cette même poêle l'ail et l'échalote ciselés. Déglacez le tout avec la sauce soja. Ajoutez ensuite les petits pois. Assaisonnez le tout avec le sel et le poivre, puis l'estragon ciselé. Remuez.

5 – **Dressage :** servez le contenu de cette poêle dans une petite assiette creuse. Déposez délicatement un œuf poché sur le tout. Versez le reste de sauce contenue dans la poêle sur l'œuf. Décorez de quelques feuilles d'estragon.

KAZUMA CHIKUDA

THOMAS CHISHOLM

Pas facile pour nous de parler de cette enseigne qui vient remplacer Le Bel Ordinaire que lança Sébastien Demorand, notre ami de cœur pour toujours. *The show must go on*, sans doute, et la rue de Paradis – atteint par certains – est une place forte de la néogastronomie parisienne.

Émilie et Boris Bazan, les dynamiques créateurs des Becs Parisiens (Christine, Le Colvert…) ont installé dans les murs le chef Thomas Chisholm, créé une nouvelle ambiance, pour une cuisine délurée qui prend le tournant de la décennie.

La bonne pioche est évidemment d'avoir trouvé ce jeune cuisinier franco-américain né à New York et passé par les cuisines de Thierry Marx et d'Atsushi Tanaka. Ayant également pratiqué le bistrot pur au 6 Paul Bert, Thomas Chisholm s'est fait connaître du grand public grâce à sa participation à l'émission «Top Chef», en 2021.

Suivant la collection collective, sa belle équipe de jeunes barbus tatoués concourt au succès de l'adresse, avec cuisine ouverte et assiettes à saucer, tout ce qu'il faut pour faire fantasmer la génération Y. Dès les premières semaines, les plats se révèlent tout à fait convaincants, à l'image de la tatin de navets boule d'or, crème crue au raifort et condiment kimchi et des associations terre-mer plaisantes, comme le bœuf braisé saint-jacques de plongée et poutargue.

Chocho — 12/20
54, rue de Paradis – 75010 Paris

INTERMÉDIAIRE

Huîtres
beurre noisette, câpres de graines d'ail des ours

POUR 6 PERSONNES

Préparation : 10 min
Cuisson : 10 min

18 huîtres (si possible les huîtres naturelles de Jean-Paul Garnier, élevées près de Granville)

150 g de beurre

50 câpres de graines d'ail des ours (à préparer en amont)

1 – Préparez les câpres de graines d'ail des ours (en amont) : il est intéressant de ramasser les graines fraîches d'ail des ours en fin de saison (pleine saison de mars à avril), de les conserver et de rehausser leur goût grâce à la technique de conservation au vinaigre. Utilisez une quantité égale d'eau, de sucre et de vinaigre blanc, suffisamment pour recouvrir entièrement les graines d'ail des ours. Portez le mélange eau-sucre-vinaigre à ébullition et versez-le sur les graines. Vous pouvez ensuite les conserver en bocal ou pot à confiture.

2 – Préparez le beurre noisette : faites fondre le beurre et chauffez-le jusqu'à ce que le petit lait devienne doré et que le beurre ait une odeur de noisette. Réservez.

3 – Ouvrez les huîtres.

4 – Dressage : déposez 4 à 6 câpres de graines d'ail des ours sur chaque huître. Ajoutez, pour terminer, une cuillerée de beurre noisette. Dégustez sans attendre !

THOMAS CHISHOLM

SARAH CHOUGNET-STRUDEL

La jeunesse, le dynamisme, mais aussi une singularité, une recherche constante du bon et du goût juste, autant de marques de fabrique pour cette jeune cuisinière, habituée des challenges et des récompenses, tel le trophée Jeune Talent pour la région PACA que Gault&Millau lui a décernée en mai 2022. Elle, qui a beaucoup travaillé avec Emmanuel Perrodin, a trouvé ici, dans l'ancien Ca Blanca d'Édouard Giribone, un nid où s'épanouir complètement.

L'enseigne à la Giono évoque une moisson fertile et un fourrage de qualité : les convives peuvent venir la serviette autour du cou et l'appétit en bandoulière. Ce réjouissant bistrot, dont la salle en longueur se prolonge en un séduisant jardin de curé, plaît à tout le monde et rassemble les générations, tout en jouant largement la carte de la modernité, avec un réjouissant ris d'agneau yaourt à la rose céleri branche et sarriette, un délicieux ragoût de pois chiches, fregola sarda, cébettes sur un sabayon café anis vert et, en dessert, le biscuit au miel, pomme au vinaigre et poivre de Sichuan. Dans la salle, Lucien Salomon complète l'histoire avec brio, alignant une flopée d'excellents vins nature qui achèvent de rallier les suffrages.

Regain — 11,5/20
53, rue Saint-Pierre – 13005 Marseille

FACILE

Crudo de maigre
orange bigarade, graines de courge & thé fumé

POUR 4 PERSONNES

Préparation : 20 min
Cuisson : 8 min

500 g de filet de maigre sans peau ni arêtes
2 oranges bigarades
125 g de pépins de courge
5 g de thé fumé
10 cl d'huile d'olive
2 gousses d'ail
Gingembre râpé
Sel
Fleur de sel
Feuilles de moutarde pourpre

1 – Passez le maigre au sel pendant 5 min, puis rincez et laissez sécher au réfrigérateur.

2 – Levez les suprêmes d'orange, puis taillez-les en petits triangles.

3 – Huile infusée : râpez deux gousses d'ail et l'équivalent en gingembre et faites-les revenir dans l'huile, puis infusez le thé fumé. Au bout de 10 min, passez l'huile à la passette à thé.

4 – Purée de graines de courge : torréfiez les graines de courge pendant 8 min dans un four à 160 °C (th. 5-6). Mixez-les avec de l'huile et du sel pour en faire une purée et gardez en quelques-unes pour décorer l'assiette.

5 – Dressage : taillez le maigre en tranches assez épaisses style « sashimi ». Dans une assiette, disposez dans le fond de la purée de graines de courge, disposez par-dessus les tranches de poisson, puis les triangles d'orange. Recouvrez généreusement d'huile infusée, puis de fleur de sel, de quelques graines de courge et, enfin, de feuilles de moutarde.

SARAH CHOUGNET-STRUDEL

GUILLAUME CLAIREAU & ANTOINE GAUDIN

Un restaurant de desserts et de vins… Cherchez l'erreur ? Non, il n'y en a pas. Obbo n'est pas un salon de thé pour mamies où l'on accompagne sa religieuse de vin cuit. Au contraire, c'est un concept, une tendance, à la fois bobo, hobo et globe-trotter. Derrière cette bizarrerie, il y a la rencontre de deux potes, jadis au Château du Boisniard, puis plus récemment à Pickles, chez Dominic Quirke, l'un des fers de lance du renouveau nantais.

Guillaume Claireau a bien voyagé, jusqu'à Bora-Bora, avant de revenir au pays pour profiter de ses expériences et d'une culture du vin érudite et sans œillères. En 2020, pour Pickles, il remporte le Trophée Sommelier Grand Ouest lors du Gault&Millau Tour. À cette occasion, il aiguise, avec Antoine Gaudin, son envie de créer un lieu à part, un lieu qui leur ressemble.

Antoine Gaudin est encore tout jeune, mais il a déjà passé dix ans en pâtisserie à Noirmoutier aux côtés d'Alexandre Couillon, à La Marine. Il y acquiert le respect du produit nature, la justesse, l'équilibre. Il apprend à « désucrer » ses desserts, en utilisant le végétal, en laissant s'exprimer le fruit, en obtenant la quintessence des saveurs. L'aventure Obbo ne fait que commencer, et l'expérience y est variée. Entre le brunch du matin, les entremets de l'après-midi et l'apéro du soir, où Antoine propose quelques tapas et bowls, l'éventail, comme la route, s'élargit devant eux.

Obbo — 11/20
10, allée des Tanneurs – 44000 Nantes

EXPERT

Céleri-cacahuète & glace vanille de Taha'a

POUR 8 PERSONNES

Préparation : 2 h
Cuisson : 2 h 30
Repos : 2 h

1 céleri boule
905 g de sucre semoule
115 g de beurre doux
450 g de crème liquide
175 g de cacahuètes
40 g de beurre de cacahuète
40 g de cassonade
9 œufs
62,5 cl de lait
125 g de farine
1 cl de rhum
2 gousses de vanille de Taha'a
12,5 cl de vinaigre de vin blanc
5 g d'agar-agar
150 g de champignons de Paris

Accord du chef sommelier Guillaume Claireau :

« Une Double Stout de la Brasserie La Muette, en Vendée. La Musse Milk Stout, pour son crémeux enrobant aux notes subtiles de cardamome et de café. Vous apprécierez sa faible amertume pour une bière brune. »

1 – Crème glacée vanille de Taha'a : la veille, faites infuser les graines de vanille et le reste des deux gousses préalablement grillées au four dans 25 cl de lait et 250 g de crème. Retirez les gousses. Versez le lait et la crème dans une casserole et portez à ébullition. Pendant ce temps, battez 6 jaunes d'œuf et 55 g de sucre jusqu'à obtenir un mélange mousseux. Versez le liquide bouillant sur le mélange et remettez sur le feu. Faites cuire à 85 °C et débarrassez au frais. Versez la crème anglaise dans une sorbetière et suivez les instructions de la machine.

2 – Crème de céleri : épluchez et taillez 250 g de céleri en petits morceaux, puis faites-les revenir dans une casserole avec 75 g de beurre et 75 g de sucre pendant 10 min. Ajoutez 200 g de crème liquide et laissez réduire environ 20 min à feu doux. Mixez jusqu'à obtenir une crème parfaitement lisse. Mettez dans une poche à douille et réservez au frais.

3 – Cubes de céleri confit : taillez 100 g de céleri en petits cubes de 1 cm. Dans une casserole, versez-les dans 50 cl d'eau avec 500 g de sucre. Faites chauffer à feu doux jusqu'à ce que les cubes de céleri deviennent translucides. Disposez les cubes sur une plaque et faites-les sécher au four à 100 °C (th. 3-4) pendant 30 min. À la sortie du four, roulez les cubes dans du sucre glace. Une fois refroidis, conservez-les dans une boîte hermétique.

4 – Cacahuètes caramélisées : réalisez un sirop en portant 100 g de sucre et 10 cl d'eau à ébullition, ajoutez 50 g de cacahuètes préalablement concassées et laissez mariner pendant 2 h. Égouttez-les et enfournez 15 min à 180 °C (th. 6).

ANTOINE GAUDIN

5 – Condiment à la cacahuète : versez 125 g de cacahuètes, le beurre de cacahuète, la cassonade et 40 g de sucre dans un robot mixeur avec 9 cl d'eau chaude et mixez jusqu'à obtention d'une pâte homogène. Mettez dans une poche à douille et réservez au frais.

6 – Tuiles de crêpes : réalisez une pâte à crêpes avec 37,5 cl de lait, 3 œufs, 35 g de sucre, 40 g de beurre, la farine et le rhum. Préparez les crêpes. Faites-les rouler sur elles-mêmes à la manière d'une cigarette russe, puis mettez-les au four préchauffé à 180 °C (th. 6) jusqu'à obtenir une belle coloration. Une fois les crêpes cuites, cassez les rouleaux pour obtenir de petites écorces qui imitent le bois. Réservez dans une boîte hermétique jusqu'au dressage.

7 – Gel de champignon vinaigré : lavez et taillez les champignons en petits morceaux. Faites bouillir 100 g de sucre avec 37,5 cl d'eau et le vinaigre, ajoutez l'agar-agar tout en remuant à l'aide d'un fouet. Versez ce liquide sur les champignons et laissez le mélange se gélifier. Mixez et réservez au frais.

8 – Dressage : dans le fond de l'assiette, déposez 3 points de crème de céleri à l'aide d'une poche à douille. Ajoutez 3 cubes de céleri confit, ainsi que 3 points de condiment de cacahuète. Recouvrez avec les cacahuètes caramélisées, puis déposez une petite boule de glace vanille. Recouvrez tous les éléments avec les écorces de crêpes. Déposez des points de gel de champignons vinaigrés et, pour finir, parsemez avec quelques feuilles de pimprenelle.

Olivier Cloteau

OLIVIER CLOTEAU

Quelle beauté ! Ce village, cet environnement, ces verts profonds qu'on ne trouve que dans le Cantal, ce magnifique château médiéval d'Anjony, bastion préservé idéal pour un tournage en costumes, ses quatre fières tourelles au toit pointu émergeant d'un bouquet d'arbres. *Last but not least*, Tournemire est un bien joli nom pour y installer une auberge. Même si l'hiver est rude et peu touristique, on ne peut que remercier Olivier Cloteau d'avoir quitté l'île de Ré pour un challenge aussi vertueux que courageux.

À l'initiative de Christelle et Michaël Boyer, entrepreneurs massiacois qui croient fort au projet d'un bel hôtel dans ce pays radieux, leur chef-conseil Xavier Taffart, le maître distingué (13/20, 2 toques) de L'Aquarelle, à Breuillet, a appelé à la rescousse Olivier pour lancer cette Petite Grange, première pierre d'un édifice plus ambitieux.

Le chef a du métier et s'est tout de suite immergé dans ce terroir auvergnat, qu'il traite avec égard et subtilité. Avec son épouse Caroline, il offre au visiteur une atmosphère de détente gourmande et la splendide vue sur la vallée de la Doire depuis les baies vitrées. Son beignet de cantal fumé au foin, ses ravioles de truite fumée et velouté de courge butternut aux agrumes, ou bien sûr le local bœuf salers à la plancha et truffade, sont déjà des signatures.

La Petite Grange — 12/20
17, rue Édouard-Marty – 15310 Tournemire

FACILE

Beignets au cantal fumé au foin, mesclun de salades & herbes

POUR 8 À 10 PERSONNES

Préparation : 30 min
Cuisson : 3 min
Repos : 3 h

250 g de lait fermier
1 petite poignée de foin
20 g de beurre
20 g de farine T65
1 pincée de sel
50 g de cantal râpé (entre-deux ou vieux pour plus de caractère)

Pâte à tempura
100 g farine
1 œuf
Sel

Beignets
50 g de pâte à tempura
Huile de friture

Dressage
Copeaux de radis
Quelques échalotes au vinaigre (ou pickles de légumes)
Mesclun

1 – Chauffez le lait fermier et faites-y infuser le foin pendant 1 h.

2 – Préparez le cantal : réalisez un roux*. Rajoutez le lait fumé après l'avoir filtré. Faites cuire comme une sauce Mornay. Ajoutez le cantal râpé. Versez la pâte obtenue dans des moules demi-sphériques et mettez au congélateur pendant 2 h.

3 – Pendant ce temps, réalisez la pâte à tempura : battez l'œuf, mélangez-le à 20 cl d'eau. Ajoutez la farine et une pincée de sel, mélangez.

4 – Façonnez les beignets : rassemblez 2 demi-sphères et trempez-les dans la pâte à tempura. Portez l'huile de friture à 180 °C et faites cuire les beignets pendant 3 min.

5 – Dressage : dans les assiettes, disposez délicatement 3 beignets au cantal sur un lit de mesclun. Décorez avec les copeaux de radis, des échalotes au vinaigre (ou des pickles de légumes).

OLIVIER CLOTEAU

PHILIPPE COCO

Dans ce superbe hôtel particulier XIXe posé le long d'un boulevard, le challenge était d'importance : il s'agissait de succéder à Pascal Favre d'Anne, leader de la gastronomie angevine depuis près de vingt ans. Philippe Coco a relevé le défi, et l'Envol se passe plutôt bien…

Ce pâtissier formé en Lorraine, spécialisé en chocolaterie, a connu un parcours riche d'expériences variées, gérant les cuisines des Pompiers de Paris, avant de venir sur les terres de son épouse angevine. Les locaux le connaissent bien puisqu'il a animé durant cinq ans Un Chef en Salle, une adresse appréciée du côté du jardin des plantes.

Nouveau cadre et nouvelle étape professionnelle désormais, avec les bonnes idées en place, en désacralisant l'endroit pour le rendre accessible, y compris sur les tarifs. En insistant sur les valeurs de l'époque, en faisant appel aux producteurs du département, en tendant vers le zéro déchet, en proposant une gastronomie lisible, localisée et franche, tout en apportant une réelle personnalité, Philippe Coco offre un souffle nouveau, appréciable également dans un décor frais et coloré (l'orange est sa teinte préférée) et sur la jolie terrasse à l'abri de l'agitation comme du bruit.

Envol — 12/20
21, bd du Maréchal-Foch – 49000 Angers

INTERMÉDIAIRE

Saint-jacques mousseline de topinambours fumés, lard de Colonnata, émulsion yuzu

POUR 4 PERSONNES

Préparation : 40 min
Cuisson : 50 min

8 coquilles saint-jacques
4 tranches de lard de Colonnata
Huile d'olive

Mousseline de topinambours
200 g de topinambour
50 g de crème liquide
30 g de beurre

Émulsion de yuzu
Les barbes et le corail des saint-jacques
1 échalote
1 noisette de beurre
50 cl de vin blanc
50 cl de lait entier
50 cl de crème liquide
Le jus de 1 yuzu
Huile d'olive
Sel et poivre blanc

1 – Préparez les coquilles saint-jacques : séparez des noix les barbes et le corail. Rincez bien à l'eau froide. Déposez les noix sur un papier absorbant, réservez les barbes et le corail.

2 – Préparez la mousseline de topinambours : épluchez les topinambours avec un économe. Faites-les cuire à la vapeur jusqu'à ce qu'ils soient bien tendres (environ 20 à 25 min). Dans un fumoir, fumez les topinambours cuits pendant 15 min. Mixez avec la crème et le beurre, rectifiez l'assaisonnement. Réservez au chaud.

3 – Préparez l'émulsion de yuzu : épluchez et émincez l'échalote, faites-la suer avec le beurre. Ajoutez les barbes et le corail, laissez revenir encore 5 min. Ajoutez le vin blanc, laissez réduire de moitié. Ajoutez la crème et le lait, laissez cuire à feu doux 5 min, ajoutez le jus de yuzu. Mixez, passez au chinois et émulsionnez à l'aide d'un mixeur ou au siphon.

4 – Cuisson des noix de saint-jacques : dans une poêle bien chaude, versez un petit filet d'huile d'olive, colorez les noix de saint-jacques 45 secondes sur chaque côté.

5 – Dressage : dans une assiette creuse, dressez une jolie quenelle de mousseline de topinambours, ajoutez 2 noix, parsemez de quelques flocons de sel, d'un tour de moulin de poivre. Déposez une tranche de lard de Colonnata passée quelques secondes sous la flamme d'un petit chalumeau. Ajoutez une belle cuillère d'émulsion de yuzu. Dégustez.

PHILIPPE COCO

Astuce du chef :

« Cette recette peut être réalisée avec du chou-fleur. Si vous n'avez pas de chalumeau, mettez le lard de Colonnata quelques secondes dans la poêle avec les saint-jacques. Le yuzu peut être remplacé par un autre agrume. »

Vin conseillé :

Un beaujolais blanc, chardonnay du Domaine Bertrand.

ROMAIN CORBIÈRE

Pas si facile de succéder à Tanguy Laviale, notre Grand de Demain 2016, qui avait fait de son Garopapilles un rendez-vous d'initiés, toujours complet, toujours demandé. Et si le bagage de Romain Corbière est considérable (École Ducasse, Le Relais du Parc, La Réserve de Beaulieu), avec un dernier passage par le Grand Hôtel Intercontinental, son Zéphirine, ouvert avec sa sœur et son beau-frère, Marie et Bertrand, devait réinventer la formule.

On peut déjà affirmer que la partie est gagnée : un comptoir gourmand avec de nombreux petits plats à partager, une épicerie à dévorer, emplie des meilleurs produits du terroir, de la région et de toute la France, et la patte du chef. Elle s'exprime dans un espace joliment aménagé, avec le concours d'artistes locaux : murs de pierre d'origine, céramique et verrerie originales, matériaux de haute qualité…

La cuisine de cet enfant du pays dans son « auberge urbaine » est déjà très convaincante. La réalisation est au cordeau, les cuissons nettes et les saveurs très justes sur les exercices classiques, avec des sauces, des jus, des bouillons, tout ce qui fait du bonheur au quotidien et vaut déjà 2 belles toques.

Zéphirine — 13,5/20
62, rue Abbé-de-l'Épée – 33000 Bordeaux

INTERMÉDIAIRE

Pressé de poireaux, condiment gribiche mimosa

POUR 4 PERSONNES

Préparation : 1 h 30
Cuisson : 1 h 15
Repos : 4 h

6 poireaux de calibre moyen
1 œuf dur
Piment d'Espelette

La sauce
50 g d'échalotes ciselées
30 g de vinaigre blanc
30 g de vin blanc sec
Herbes fraîches
20 g de persil plat
10 g d'estragon
40 g d'épinards
1 c. à soupe de moutarde
1 œuf
1 pincée de sel
15-20 cl d'huile de pépins de raisin
50 g de cornichons
40 g de câpres
1 échalote ciselée finement
2 c. à soupe de persil plat ciselé

Pâte à frire des beignets de racines
150 g de farine
1 œuf
230 g d'eau
1 filet d'huile d'olive
1 pointe de sel
Huile de friture

1 – Préparez les poireaux : coupez les racines des poireaux, conservez les radicelles (filaments) pour les beignets. Lavez les poireaux, éliminez les feuilles extérieures un peu dures, puis coupez environ la moitié de la partie la plus verte (le vert sera utilisé pour l'huile de poireaux). Rassemblez les 6 poireaux en botte avec une ficelle de cuisine. Plongez dans un grand récipient d'eau salée (10 g/l) bouillante et laissez cuire environ 25 min. Les poireaux doivent être fondants. Faites-les refroidir dans un bain d'eau glacée. Égouttez, retirez les feuilles extérieures un peu fripées, puis pressez-les délicatement avec les mains pour enlever un peu d'humidité. Débarrassez ensuite dans un plat sur du papier absorbant, pressez et laisser égoutter au frais pendant 3 ou 4 h (ou le faire la veille).

2 – Préparez la sauce : effeuillez les herbes fraîches et conservez les tiges. Mettez les 50 g d'échalotes ciselées, le vinaigre, le vin blanc et les queues d'herbes fraîches dans une casserole. Portez à ébullition et laissez réduire 10 min, stoppez le feu, puis pressez les échalotes pour récupérer le jus réduit.
– Faites blanchir les herbes : plongez les feuilles d'herbes fraîches dans une casserole d'eau bouillante salée et laissez 2 min avant de les refroidir dans un bain d'eau glacée, puis de les égoutter.
– Mettez le jus réduit dans le bol d'un mixeur. Ajoutez la moutarde, l'œuf et le sel. Mixez en ajoutant l'huile petit à petit, comme pour une mayonnaise. Ajoutez les herbes (feuilles blanchies) tout en continuant à mixer et en ajoutant de l'huile. La sauce prend une belle couleur verte et doit être nappante. Hachez cornichons et câpres. Ajoutez à la sauce ainsi que l'échalote ciselée et le persil plat. Mélangez le tout.

ROMAIN CORBIÈRE

3 – Réalisez le pressé de poireaux : épongez une dernière fois les poireaux et ajustez la longueur. Recouvrez le plan de travail avec un film alimentaire et posez 3 poireaux tête-bêche. Superposez les 3 autres de la même façon. Recouvrez avec le film et roulez « serré » en façonnant un boudin (faire 5 ou 6 tours). Resserrez, puis repliez les extrémités du film. Percez avec la pointe d'un couteau pour évacuer l'eau. Déposez sur du papier absorbant. Retournez et changez le papier s'il est trempé.

4 – Réalisez les beignets de racines de poireaux : prenez chaque racine et coupez la base avec des ciseaux. Laissez tomber les radicelles dans un récipient d'eau froide. Mélangez les ingrédients de la pâte, qui doit être lisse. Faites chauffer l'huile de friture à 150 °C. Séchez les racines, déposez-les dans une passoire et versez quelques gouttes de pâte, remuez pour bien les recouvrir. Plongez-les dans l'huile chaude et laissez cuire jusqu'à ce qu'elles deviennent croustillantes, sans coloration. Égouttez sur un papier absorbant, salez.

5 – Réalisez l'huile de poireaux : lavez et émincez grossièrement les verts de poireau. Dans un blender, recouvrez au 2/3 d'huile de pépins de raisin. Mixez. Filtrez et récupérez l'huile verte.

6 – Préparez le dressage : concassez l'œuf dur entier. Sortez le boudin de poireaux du frigo. Retirez l'entame, puis tranchez en tronçons de 4 cm de hauteur avec un couteau bien aiguisé, en laissant le film alimentaire. Retirez ensuite le film. Épongez de nouveau l'excédent d'humidité si nécessaire. Badigeonnez d'huile d'olive au pinceau et faites tiédir au four. Brûlez légèrement au chalumeau ou au gril du four.

7 – Dressage : déposez une cuillerée de sauce verte au centre de l'assiette. Mettez un peu d'œuf dur haché en couronne, puis déposez le pressé de poireaux au milieu. Faites un rappel d'herbes (persil plat, estragon…), versez une cuillerée d'huile de poireaux en assaisonnement, puis ajoutez les chips de racines qui vont donner de la texture. Terminez avec une pincée de fleur de sel et de piment d'Espelette.

RESTAURANT
Le JAS
Emeric Corbon

ÉMERIC CORBON

Participer à l'animation d'un village qui risquerait de s'assoupir sans ses petits cafés, la partie de boules et le restaurant, voilà une tâche noble à laquelle s'est attelé Émeric Corbon avec enthousiasme depuis quelques mois, lorsqu'il a ouvert son restaurant, grâce en partie à la Dotation Gault&Millau obtenue l'an passé. Si La Roque-d'Anthéron est célèbre pour son festival de musique en été, la cité se révèle bien paisible hors saison. Trop peut-être... Et c'est là qu'intervient le chef Émeric Corbon !

Il a pu mûrir son projet en apprenant beaucoup chez Édouard Loubet au Moulin de Lourmarin, où il a passé trois ans comme chef, après avoir évolué à La Maison Domaine de Bournissac, chez Michel Kayser (restaurant Alexandre, à Garons) et chez le MOF Serge Chenet. De quoi apprendre et progresser, tout en gardant son caractère et ses envies propres. Car l'impression dominante lorsqu'on entre chez lui est bien celle d'une auberge habitée, inspirée, dans le respect des traditions locales, avec toute la modernité d'une cuisine ancrée et libre. Avec tous les parfums de Provence, le papeton d'aubergine coulis de tomate, la fleur de courgette et sa farce à l'estragon, la pintade fermière au sautoir et sa ratatouille...

Le Jas — 12/20
10 bis, rue de l'Église – 13640 La Roque-d'Anthéron

FACILE

Soufflé au Grand Marnier

POUR 6 PERSONNES

Préparation : 20 min

Cuisson : 15 min

Crème pâtissière

50 cl de lait

5 jaunes d'œuf

40 g de fécule de pomme de terre

90 g de sucre

6 cl de Grand Marnier

Soufflé

8 blancs d'œuf

50 g de sucre semoule + 20 g pour le ramequin

Grand Marnier

Beurre

Sucre glace

1 – Réalisez une crème pâtissière : dans un cul-de-poule, battez les jaunes d'œuf avec le sucre et la fécule de pomme de terre. Faites bouillir le lait, versez-le sur le mélange précédent, puis reversez le tout dans la casserole et faites bouillir pendant 2 min en mélangeant. Laissez refroidir, puis incorporez le Grand Marnier.

2 – Préparez les ramequins : beurrez 6 ramequins avec un beurre pommade à l'aide d'un pinceau, puis ajoutez du sucre semoule afin que les parois soient recouvertes de sucre, ce qui aidera le soufflé à bien monter.

3 – Réalisez le soufflé : montez les blancs d'œuf bien fermes au batteur, ajoutez 50 g de sucre semoule pour serrer les blancs d'œuf. Dans un cul-de-poule, versez la crème pâtissière, incorporez les blancs d'œuf et mélangez jusqu'à l'obtention d'une consistance lisse et crémeuse.

4 – Préchauffez le four à 190 °C (th. 6-7). Mélangez l'appareil pour avoir une consistance onctueuse et surtout sans grumeaux. À l'aide d'une louche, répartissez le mélange dans les ramequins et laissez cuire au four environ 10 min.

5 – Dressage : à la sortie du four, saupoudrez les soufflés de sucre glace et ajoutez du Grand Marnier pour les plus gourmands.

ÉMERIC CORBON

Emile Cotte

ÉMILE COTTE

La carte de visite est éloquente : passé par Le Pré Catelan et Taillevent, chef à L'Angle du Faubourg et chez Drouant, Émile Cotte a l'expérience et le bagage pour rayonner dans nombre de grandes maisons. Mais le chef limougeaud a choisi une autre voie avec un simple bistrot dont il compte bien faire un carrefour gourmand à la manière des cafés de village d'antan où tout le monde se retrouve. Son Baca'v (*baca* signifie « manger », en occitan), c'est un lieu de partage et de camaraderie, le plaisir de trinquer avec les amis en profitant d'une assiette aussi volubile que généreuse.

La base de son travail : du produit que l'on va chercher à la source. Une folie quand on est au centre de Paris et que tout est à disposition, mais ce Limougeaud, qui a grandi dans une famille d'éleveurs (on comprend mieux son passage à Meating, restaurant de viande qui connut un succès certain avenue de Villiers), est trop attaché à ces producteurs et aux liens qui en découlent pour ne pas pousser la démarche aussi loin que possible en travaillant en direct.

Maîtrise des fondements de la cuisine bourgeoise et ménagère, qualité technique dans les associations de saveurs et le dressage, tout en privilégiant la simplicité sans multiplier inutilement les ingrédients, Émile Cotte a tout compris, jusqu'à la « ca'v » emplie de gorgeons de soif.

Baca'v — 13/20
6, rue des Fossés-Saint-Marcel – 75005 Paris

INTERMÉDIAIRE

Fricassée de ris de veau, asperges et morilles, fleur d'ail

POUR 4 PERSONNES

Préparation : 35 min

Cuisson : 40 min

4 pommes de ris de veau de 150 g

250 g de pommes de terre grenaille de l'île de Ré

200 g de pointes d'asperges vertes

200 g de pointes d'asperges blanches

1 botte d'asperges sauvages

50 g de farine

Huile d'olive

Beurre doux

Beurre demi-sel

Jus de veau crémé aux morilles

150 g de morilles fraîches

2 échalotes grises en fine brunoise

20 cl de jus de veau clair

10 cl de vin jaune

1 barquette de fleurs d'ail violettes

10 cl de crème fleurette

Dressage

Fleurs d'ail hachées

1 botte de persil plat haché

Accord mets-vin du chef sommelier Thomas Fernandez :

Hospices de Nuits, gevrey-chambertin, cuvée « Irène Noblet », 2007.

1 – Faites blanchir les ris de veau dans un bouillon vinaigré (légèrement) et poivré (généreusement) pendant 4 min à partir de l'ébullition. Laissez décanter et refroidir, épluchez les ris de veau et égouttez-les dans un torchon.

2 – Réalisez le jus de veau aux morilles : lavez les morilles fraîches (vérifiez qu'il n'y a plus de partie terreuse sur le pied des champignons). Épluchez les échalotes et coupez-les en fine brunoise. Faites-les revenir dans un sautoir, ajoutez les morilles jusqu'à obtenir une belle coloration, déglacez avec quelques gouttes de vin jaune, mouillez avec le jus de veau clair, faites réduire de moitié et crémez largement.

3 – Faites caraméliser les ris de veau : farinez légèrement, assaisonnez et colorez les ris de veau dans un sautoir avec huile d'olive et beurre jusqu'à l'obtention d'une belle croûte croustillante. Déglacez au jus de veau et ajoutez un peu de persillade.

4 – Préparez les asperges : faites blanchir toutes les asperges dans une grande quantité d'eau bouillante salée pendant 3 min.

5 – Faites cuire les pommes de terre grenaille en cocotte avec un peu de beurre demi-sel et ajoutez, à la fin de la cuisson, les différentes asperges, déglacez avec quelques gouttes de jus de veau, le reste du persil haché et un peu de fleurs d'ail.

6 – Réunissez dans la cocotte la garniture et les pommes de ris de veau caramélisées, saucez largement et réchauffez, dégustez.

ÉMILE COTTE

Polo
Polo

CORENTIN COURTIEN

Insouciants, mais aussi prévoyants et bien organisés, Corentin Courtien et Madeline Blais ont parcouru en deux ans un joli chemin avec leur table venue remplacer Les Pieds dans le Plat. Le lieu est facile d'accès, les Manceaux le connaissent bien, et tout le monde en ville s'est réjoui de cette approche nouvelle que leur apportent le jeune chef et sa compagne, sur le naturel, l'environnement, le végétal, à travers les légumes, mais aussi les fleurs.

Corentin Courtien est un pur produit sarthois. Formé notamment chez Laurent Saudeau au Manoir de la Boulaie, près de Nantes, puis chez Ibarboure au Briketenia, à Guéthary, il a développé sa prédilection pour les épices, les plantes et les fleurs, qu'il associe avec pertinence, en harmonie avec les couleurs, les parfums, les saveurs. Essentiellement locavore dans l'approche de sa cuisine, utilisant au maximum les ressources locales, il s'autorise bien sûr quelques beaux ingrédients venus de la mer (poissons, crustacés) et les richesses d'un terroir français de qualité.

Si le jeune chef est un bosseur qui pense cuisine avant, pendant et après le service, Madeline fait la liaison avec sourire et empathie. Elle traduit les idées, passe le message avec un enthousiasme communicatif qui lui a valu un premier trophée « Jeune Talent en Salle » lors du Gault&Millau Tour en Centre-Val de Loire Pays de la Loire en 2022.

L'Insouciant — 13/20
6, rue de la Mission – 72000 Le Mans

EXPERT

Carré de cochon
crémeux de petits pois & tartelette andouille

POUR 4 PERSONNES

Préparation : 2 h
Cuisson : 4 h 30

600 g de carré de cochon

Poitrine confite
300 g de poitrine de porc
30 g de sauge
40 g de farine de sarrasin

Jus de sarrasin à la bière
20 cl de bière
50 g de beurre
50 g de farine de sarrasin

Crémeux de petits pois
600 g de petits pois
30 cl de crème
20 g de sauge
50 g de beurre

Tartelette
1 feuille de brick
30 g de beurre
80 g de petits pois
80 g d'andouille de Guémené
10 g de sauge
30 g de salicornes

Voile de petits pois
2 g d'agar-agar
300 g de cosses

1 – Préparez le carré : demandez à votre boucher de lever les carrés, les étalonner et les désosser. Gardez les os pour le jus. Faites colorer les carrés dans une poêle avec un peu de matière grasse, puis laissez-les refroidir. Mettez-les sous vide et faites-les cuire dans de l'eau à 62 °C pendant 1 h. Laissez refroidir aussitôt et réservez au froid. Au moment de servir, snackez (cuisez rapidement sur feu vif).

2 – Préparez la poitrine de porc : saupoudrez la poitrine de sauge. Mouillez à hauteur la poitrine, ajoutez la farine de sarrasin, puis faites cuire au four à 160 °C (th. 5-6) couvert pendant 3 h.

3 – Préparez le jus de sarrasin à la bière : colorez les os dans une marmite, déglacez avec la bière, puis mouillez à hauteur. Laissez réduire. Passez au chinois. Liez la sauce avec un roux* de sarrasin en ajoutant le beurre et 50 g de farine.

4 – Préparez le crémeux de petits pois sauge : écossez les petits pois. Faites-les cuire dans la crème avec la sauge. Une fois le mélange cuit, mixez et ajoutez le beurre. Passez la purée au chinois.

5 – Préparez les tartelettes : badigeonnez de beurre fondu la feuille de brick. Coupez des cercles, puis disposez dans des moules à tartelette. Faites cuire au four à 180 °C (th. 6) pendant 8 min. Faites cuire les petits pois à l'anglaise*. Refroidissez aussitôt. Hachez les salicornes et les feuilles de sauge. Coupez l'andouille de Guémené en cubes. Au moment de servir, poêlez tous les ingrédients et mettez-les dans la tartelette.

CORENTIN COURTIEN

6 – Préparez le voile de petits pois : faites blanchir les cosses de petits pois. Mixez-les avec 20 cl d'eau, puis filtrez et mettez le tiers dans une casserole. Faites bouillir, puis ajoutez l'agar-agar. Rajoutez le reste et coulez sur une plaque. Laissez refroidir, découpez avec un cercle une fois refroidi.

7 – Dressage : posez un carré de cochon dans l'assiette, saupoudrez de graines de sarrasin. Déposez à côté la tartelette, posez le voile de petits pois par-dessus. Dans une autre assiette, versez le crémeux de petits pois, ajoutez la poitrine de cochon découpée en cubes, et quelques petits pois sautés, ainsi que des pousses. Versez le jus sur le carré et la poitrine.

CLÉMENCE & JONATHAN COUTE

S'il est assez fréquent de voir de jeunes chefs titillés par l'envie d'avoir leur lieu à eux, leur premier restaurant, il est plus rare que ce désir soit aussi familial et à l'unisson que pour Clémence et Jonathan.

Nous avons connu Jonathan Coute chez Michel Kayser, dans un rôle de responsable de salle qu'il menait avec entrain, discernement et aisance, s'adaptant à chaque table, tutoyant le haut niveau avec une faconde et une empathie rares.

Clémence pour la pâtisserie, Jonathan pour la salle, d'accord, mais il faut aussi un cuisinier : demandez le père ! C'est tout simplement Pascal, le papa de Clémence, qui se joint à l'aventure. Ensemble, ils ont monté une table chaleureuse toute proche de ce qu'on appelle la « rue de la soif », à Nîmes, rue Fresque. Prenez la syllabe au cœur de chacun de leurs prénoms et vous obtiendrez le nom du restaurant : Menna.

Le propos est à la fois humble et abouti. Faire bien ce qu'on sait faire, c'est déjà une grande qualité. Et la technique est vraiment là, sur le loup rôti fine mousseline et artichaut barigoule comme sur le lapin façon lièvre à la royale, dont notre enquêteur souligne la qualité par un *« Super boulot ! »* qui en dit long. Justement, le boulot, c'est Clémence qui le termine avec la même passion, tandis que Jonathan répand son enthousiasme avec un grand sens de la convivialité.

Menna — 13/20
7, rue de Bernis – 30000 Nîmes

INTERMÉDIAIRE

Soufflé chaud à la vanille de Tahiti, réduction de café pur arabica

POUR 6 PERSONNES

Préparation : 30 min
Cuisson : 30 min

Crème pâtissière à la vanille
25 cl de lait
3 jaunes d'œuf
20 g de sucre semoule
20 g de Maïzena
2 gousses de vanille de Tahiti

Soufflé
330 g de crème pâtissière
12 blancs d'œuf
180 g de sucre semoule

Réduction de café arabica
300 g de café pur arabica
80 g de sucre semoule
30 g de glucose
15 g de chocolat noir Équateur Valrhona 58%

1 – La crème pâtissière à la vanille de Tahiti : dans une casserole, faites chauffer le lait et les gousses de vanille préalablement fendues en deux, puis égrainées, et portez le tout à ébullition. Dans un cul-de-poule et à l'aide d'un fouet, faites blanchir les jaunes d'œuf avec le sucre, puis incorporez la Maïzena. Une fois le lait à ébullition, versez les 2/3 sur le mélange jaunes d'œuf-sucre-Maïzena. Mélangez et versez à nouveau dans la casserole de lait restant, faites cuire 2 min tout en fouettant jusqu'à retrouver une petite ébullition. Débarrassez dans un récipient et faites refroidir.

2 – Le soufflé : dans un cul-de-poule, versez la crème pâtissière et mélangez-la afin de retrouver un aspect lisse. Dans la cuve du batteur et à l'aide du fouet (ou avec un fouet électrique), montez les blancs d'œuf et le sucre en neige jusqu'au bec d'oiseau*. Incorporez délicatement, à l'aide d'une maryse, la crème pâtissière aux blancs d'œuf montés jusqu'à l'obtention d'un appareil lisse et homogène. Versez la préparation dans des moules à soufflé (ou ramequins hauts), préalablement beurrés généreusement avec un beurre pommade et chemisés de sucre semoule. Enfournez dans un four à 180 °C (th. 6) pendant 12 min.

3 – La réduction de café arabica : dans une casserole, faites réduire le café, le sucre et le glucose jusqu'à l'obtention d'un liquide sirupeux. Versez celui-ci sur le chocolat pour lier le tout. Laissez refroidir et servez dans un contenant de type saucière (ou shooter).

Conseil de la cheffe :

« Pour la dégustation, il y a deux écoles... Celle qui préfère faire un petit trou dans le soufflé pour y verser la réduction, et celle qui préfère la déguster séparément. »

CLÉMENCE COUTE

LUCAS DÉGOT

La conjonction des planètes a été favorable à Lucas Dégot. Ou tout simplement s'agit-il de flair, à moins que ce ne soit l'insouciance de la jeunesse… Julie et Lucas Dégot ont à peine passé les 20 ans qu'ils se retrouvent chez eux, dans leur première maison. Et pas n'importe laquelle ! Cet Acte 2, c'est la suite de l'histoire d'une maison vénérable que portèrent durant quarante ans Viviane et André Chatelard. Héritage lourd à porter, peut-être, mais aussi sacrée opportunité de trouver un bastion solide, sur la place du village, connu de tous, juste en face d'un autre, pas moins célèbre, qui est celui de la famille Marcon. Là où Régis, puis son fils Jacques ont usé leurs premières spatules dans l'auberge familiale.

Alors oui, trois fois oui pour Julie et Lucas Dégot, qui ont la chance non seulement d'être installés dans l'un des villages gourmands les plus réputés du pays, dans un environnement de rêve, celui des montagnes du Velay, mais aussi de bénéficier d'une certaine aura de tradition dont ils peuvent facilement jouer, pour s'en défaire, comme pour s'en réclamer. Le jeune chef l'a bien compris. En utilisant au mieux les ressources locales, les champignons bien sûr, les herbes, qui viennent parfumer une réjouissante cuisine de produits, jusqu'aux légumes de saison et viandes de belle provenance. Et ses plats font déjà consensus, les ravioles de foie gras aux champignons et bouillon au géranium, le bar rôti et beurre blanc au cistre, le carré de veau à l'huile de noisette et pomme croquette aux cèpes…

L'Acte 2 — 12/20
7, place aux Champignons
43290 Saint-Bonnet-le-Froid

INTERMÉDIAIRE

Ravioles de chevreuil au foie gras

POUR 4 PERSONNES

Préparation : 45 min
Cuisson : 6 h 20
Repos : 12 h

600 g de sauté de chevreuil
80 g de foie gras en cube
50 g de farine
20 g de beurre
Huile

Marinade
75 cl de vin rouge
15 cl de porto rouge
1 cl de cognac
1/2 carotte émincée
1/4 de poireau émincé
1/3 d'oignon émincé
1 c. à café de baies de genièvre
1 branche de thym
1 feuille de laurier

Pâte à ravioles
250 g de farine
4 jaunes d'œuf
1 pincée de sel

Accompagnement
250 g de champignons
20 g de beurre
Sel et poivre

1 – **La veille,** préparez la marinade en mélangeant tous les ingrédients. Ajoutez 25 cl d'eau. Faites mariner le chevreuil toute une nuit.

2 – **Réalisez la pâte à ravioles :** mélangez au robot la farine, les jaunes d'œuf, 5 cl d'eau et le sel. Filmez et laissez reposer au frais.

3 – **Le jour J** : égouttez les morceaux de chevreuil, faites-les colorer dans une cocotte avec le beurre et l'huile. Saupoudrez de la farine, mélangez bien et mouillez avec la marinade. Assaisonnez. Faites bouillir et enfournez à 110 °C (th. 3-4) à couvert pendant environ 6 h.

4 – **Égouttez la viande et effilochez-la.** Passez la sauce au chinois et laissez refroidir le tout. Mélangez la viande avec les cubes de foie gras et un peu de sauce.

5 – **Étalez la pâte à ravioles** et détaillez 12 disques de 8 cm et 12 disques de 10 cm de diamètre. Déposez une bonne cuillère de farce au centre des petits disques et recouvrez avec les grands.

6 – **Soudez les deux pâtes entre elles** en mouillant les bords et en les pinçant. Faites cuire les ravioles dans un grand volume d'eau frémissante salée, pendant environ 6 min.

7 – **Poêlez les champignons** à feu vif avec le beurre, assaisonnez et servez avec les ravioles.

8 – **Servez les ravioles nappées de sauce,** et déposez les champignons poêlés autour.

LUCAS DÉGOT

de:ja
Le restaurant
de:ja

DAVID DEGOURSY & JEANNE SATORI

Ils n'ont pas 25 ans et se sont lancés dans le grand bain à l'automne dernier. Après un cursus de lettres, David Degoursy est passé chez Yannick Germain (Auberge au Bœuf, à Sessenheim) et Cédric Moulot (Maïence, à Strasbourg). Jeanne Satori, elle, étudiait l'écologie, sa passion. Ils se sont trouvés et leur projet s'appuie sur deux concepts forts : le vivant, ce qui s'applique à la cuisine, mais aussi à la cave, et l'artisanat, qui fait confiance aux hommes et aux savoir-faire. Rien de plus limpide et de plus moderne que cette démarche, qui va jusqu'à bannir de la jeune table toute boisson industrielle. Les menus, cachés en 6, 8 ou 10 services, baptisés « Moisson », « Vendange » et « Cueillette », se nourrissent de produits majoritairement locaux.

Jeanne Satori et David Degoursy vont jusqu'au bout de leur engagement et leur cuisine nous a beaucoup plu. Derrière les intitulés ludiques (« La rivière pourpre », « Omble aimable », « Quand c'est noir, c'est cuit »), on trouve un vrai travail de réflexion dans les accords et une technique bien en place qui ne demande plus qu'à s'affiner et s'affirmer. Cette table incarne le Strasbourg qui bouge, se débarrassant de la tarte flambée et de la choucroute pour une cuisine responsable, servie avec enthousiasme et accompagnée de vins bio et de boissons non alcoolisées à travers des accords eux aussi novateurs.

De:ja — 13/20
1, rue Schimper – 67000 Strasbourg

EXPERT

Brochet

POUR 6 PERSONNES

Préparation : 45 min
Cuisson : 30 min

Panade
4 jaunes d'œuf
85 g de farine
8 cl de lait
80 g de beurre

Farce fine de brochet
360 g de brochet
4 blancs d'œuf
12 cl de crème fraîche
10 g de sel
1 botte de livèche
1 botte de persil
1 botte de pousses de moutarde (facultatif)
2 g de poivre
1 g de safran

Farce pour quenelle
360 g de panade
Farce fine
30 g d'œuf de truite

Sauce
10 cl de crème
30 g de beurre
1 botte de livèche
1 c. à café de vinaigre de miel
3 c. à soupe de bouillon de légumes
Sel et poivre

1 – Préparez la panade : chauffez le beurre, 8 cl d'eau et le lait jusqu'à frémissement. Retirez du feu, puis ajoutez la farine en remuant énergiquement (il faut que la texture soit lisse), puis remettez à feu moyen pour assécher la préparation (environ 2 min). Travaillez avec un fouet ou au batteur la préparation jusqu'à ce qu'elle soit à 43 °C, puis ajoutez les jaunes d'œuf. Laissez reposer.

2 – Préparez la farce fine : préparez une chlorophylle en mettant la livèche, le persil et les pousses de moutarde dans de l'eau à ébullition, retirez au bout de 10 secondes, puis plongez dans l'eau glacée pour refroidir. Mettez dans un mixeur la farce de brochet, les blancs d'œuf, la crème, le sel, le poivre, le safran et la chlorophylle refroidie. Mixez jusqu'à l'obtention d'une texture lisse. Passez ensuite au tamis.

3 – Préparez la farce : mélangez la panade avec la farce fine et les œufs de truite jusqu'à ce que celle-ci soit homogène.

4 – Réalisez les quenelles : confectionnez les quenelles à l'aide de 2 cuillères, puis faites cuire dans une eau salée (à 15%) portée à ébullition. Laissez cuire 4 à 6 min. Réservez ensuite dans une eau glacée.

5 – Réalisez la sauce : préparez une chlorophylle en mettant la botte de livèche dans de l'eau à ébullition, puis retirez au bout de 10 secondes et faites refroidir dans l'eau glacée. Faites réduire le bouillon de légumes, puis ajoutez la crème et refaites réduire avec le vinaigre de miel. Ajoutez ensuite le beurre et la chlorophylle à feu doux pour ne pas perdre de couleur et gardez une texture lisse. Assaisonnez.

Assaisonnement

Œufs de brochet séchés (ou fleur de sel)

Poivre

30 escargots

Bouillon de légumes

Beurre

6 – Finition : réchauffez les quenelles avec les escargots dans le beurre et un peu de bouillon, réalisez un joli glaçage, assaisonnez avec des œufs de brochet séchés (ou de la fleur de sel) et du poivre.

7 – Dressage : disposez les éléments joliment, puis versez la sauce.

CAMILLE DELCROIX

Il a un nom aux couleurs locales, a travaillé dix ans chez Marc Meurin (Busnes, dans le Pas-de-Calais), s'est installé à Saint-Omer, dont son épouse Carla est originaire... Bref, il coche toutes les cases pour obtenir un diplôme de bonne conduite sur les routes du Nord.

Camille Delcroix est aussi un gagneur qui sait ce qu'il veut. Vainqueur de la saison 9 de « Top Chef », ce fils de boucher a mûri son projet suffisamment longtemps pour être juste là où il faut quand il faut. Nous aimions bien Le Cygne du temps de Jean-François Wident. Camille a fait de cette jolie et typique demeure de brique jaune son repaire et le port d'attache pour amarrer son Bacôve, cette grande barque qui permet de se déplacer doucettement dans les marais de l'Audomarois et de pêcher l'anguille.

Cette table sent bon l'avenir d'une cuisine de terroir. Camille joue à la maison sans en rajouter sur le locavorisme effréné. Les cuissons sont maîtrisées, les produits parfaitement choisis. Un petit coup de cœur, parmi ces premiers plats, pour le rouget au barbecue japonais, les morilles et raviole ouverte, l'hommage à Marc Meurin avec le maroilles en beignet croustillant.

Bacôve — 14,5/20
8, rue Caventou – 62500 Saint-Omer

FACILE

Œuf crème de cresson & ail noir, yaourt au raifort

POUR 4 PERSONNES

Préparation : 15 min

Cuisson : 5 min

4 œufs

1 botte de cresson

Crème d'ail noir

1 tête d'ail noir

10 cl de vinaigre balsamique blanc

Yaourt au raifort

10 cl de crème liquide

1 racine de raifort

1 citron jaune

Sel et poivre

Dressage

1 pot d'œufs de truite

10 cl d'huile de poireaux

4 tranches de pain de mie

Beurre

1 – Préparez la crème de cresson : faites blanchir le cresson dans une eau bouillante salée et faites-le refroidir dans de l'eau glacée pour stopper la cuisson, puis mixez pour obtenir la consistance souhaitée. Salez et poivrez. Réservez.

2 – Préparez la crème d'ail noir : épluchez et mixez l'ail avec le vinaigre et réservez.

3 – Préparez le yaourt au raifort : zestez et pressez le citron dans la crème liquide pour l'épaissir. Ajoutez le raifort râpé, salez et poivrez. Réservez.

4 – Plongez les œufs pendant 5 min dans une eau bouillante salée.

5 – Dressage : nappez chaque œuf de crème de cresson, puis marbrez-les de crème d'ail noir. Taillez le pain de mie en mouillettes et faites-les rôtir dans le beurre. Déposez un peu de yaourt au raifort dans le fond de chaque assiette, perlez avec quelques gouttes d'huile de poireaux, ajoutez l'œuf écalé, les mouillettes et quelques œufs de truite.

CAMILLE DELCROIX

ARMAND DEMOUY & FANY FURLAN

C'était une sacrée institution ce Sarment de Vigne de Yannick Ollivier et de son épouse. Nous avons beaucoup aimé cette adresse durant vingt ans. La main a changé, mais l'esprit de cette auberge, refuge de la banlieue rennaise, semble tout à fait maintenu par Fany Furlan et Armand Demouy.

Lui a longtemps travaillé en Haute-Savoie et en Suisse avant de revenir près de sa famille, en Bretagne. Mais il a surtout œuvré, et beaucoup appris, aux côtés de Nicolas Beaumann, chez Rostang, à Paris. L'essence de Cueillette est dans son nom : des produits du cru, bien sourcés et récoltés dans les fermes alentour, des légumes tout frais du matin et, bien sûr, des escargots, spécialité locale depuis la nuit des temps. Armand les fait venir de Liffré, les accompagne d'une tombée d'épinards et d'un crémeux d'ail équilibré, la touche de galanga apportant l'étincelle gustative.

Fany est son alter ego tout en sourire et en bons conseils, notamment sur la partie cave, courte, mais déjà bien étoffée, avec des références en bio et biodynamie sur toutes les régions. Le jeune couple limite les festivités à 25 couverts, lui seul en cuisine, elle seule en salle, créant une ambiance, des habitudes et des envies de « revenez-y ! »

Cueillette — 12/20
54, route de Fougères – 35510 Cesson-Sévigné

FACILE

Escargots, purée d'épinards & coulis d'ail

POUR 6 PERSONNES

Préparation : 30 min
Cuisson : 2 h

4 douzaines d'escargots
1,6 kg d'épinards frais
4 têtes d'ail
1 pain de mie
30 cl de bouillon de volaille
250 g de beurre
50 cl de crème
Sel et poivre

1 – Préparez la purée d'épinards : lavez les épinards, puis égouttez-les. Faites cuire 1,2 kg dans une casserole avec du beurre et du sel. Ajoutez le bouillon de volaille et laissez réduire tout doucement. Mixez avec 50 g de beurre. Réservez 400 g d'épinards pour les poêler au dernier moment, avec du beurre, du sel et du poivre.

2 – Préparez le coulis d'ail : épluchez et dégermez l'ail (gardez une gousse pour la cuisson des escargots). Il est souhaitable de le blanchir 5 fois par la suite. Égouttez-le et mettez-le à cuire dans une casserole avec la crème, le sel et le poivre. Laissez cuire jusqu'à ébullition, puis laissez infuser pendant 1 h à feu doux. Mixez la préparation.

3 – Préparez les croûtons : taillez des croûtons de 1 cm sur 1 cm dans le pain de mie. Faites-les rissoler dans une poêle avec du beurre. Remuez pour colorer toutes les faces. Réservez.

4 – Préparez les escargots : faites-les cuire dans une poêle dans un beurre mousseux et ajoutez une gousse d'ail préalablement hachée.

5 – Dressage : déposez dans le fond d'une assiette creuse la purée d'épinards. Déposez dessus les 8 escargots et faire des points de coulis d'ail. Disposez joliment les croûtons entre ail et escargots et ajoutez les pousses d'épinards poêlées sur le dessus.

ARMAND DEMOUY

CHARLÈNE DEPOND & MANUEL GODET

Il fut l'un des premiers à bénéficier de la Dotation Gault&Millau, pour ouvrir son premier restaurant, L'Empreinte, dans la préfecture des Hautes-Pyrénées. C'était en 2015. Depuis, Manuel Godet a joliment réussi à marquer de son empreinte la gastronomie locale, et cela, il ne le doit qu'à son seul talent.

L'enfant du pays, né à Lannemezan, a bien grandi. Après un apprentissage formateur chez Jean-Pierre Saint-Martin au Viscos, il débarque chez Alain Dutournier au Carré des Feuillants en 2008, où il comprend encore davantage comment magnifier le terroir du Sud-Ouest.

Avec la réussite de L'Empreinte, l'envie de créer ne s'est pas pour autant tarie. Avec deux autres restaurateurs associés, Jean-Baptiste et Nicolas, il a souhaité relancer une institution tarbaise septuagénaire, la brasserie de l'Europe, place de Verdun, rebaptisée Storia depuis la reprise.

C'est une brise de fraîcheur et de modernité qui souffle sur Tarbes : un modèle de brasserie d'aujourd'hui, à la parisienne à consonance italienne, avec cheminée centrale four à pizza et cuisine ouverte, où officie la cheffe exécutive Charlène Depond.

Storia — 12/20
9, place de Verdun – 65000 Tarbes

INTERMÉDIAIRE

Ravioles farcies de veau, poule et tartufata, sauce au parmesan & chorizo

POUR 4 PERSONNES

Préparation : 50 min
Cuisson : 45 min

Pâte à ravioles
1 kg de semoule de blé fine
3 œufs bio
20 g de sel

Farce
500 g de veau des Pyrénées
250 g de suprême de poule noire d'Astarac Bigorre
100 g de tartufata (ou truffe fraîche si c'est la saison)
50 g de tomates confites
100 g d'oignons
10 cl de vin blanc sec
150 g de parmesan
Piment béarnais
Sel

Sauce légère au parmesan
200 g de parmesan
2 échalotes ciselées
20 cl de vin blanc
Crème liquide
Persil frais haché

Dressage
Chorizo de porc noir de Bigorre tranché finement et roulé en cônes
Oignons nouveaux (ou herbes fraîches)

1 – Pâte à ravioles : mélangez la semoule et le sel. Battez les œufs avec 17 cl d'eau, ajoutez au mélange précédent. Pétrissez l'ensemble jusqu'à obtenir une pâte homogène.

2 – Farce : faites revenir les oignons dans une casserole, ajoutez le veau et la poule taillés en morceaux, colorez légèrement. Déglacez au vin blanc et ajoutez les tomates confites, puis le sel et le piment béarnais. Laissez cuire et réduire au maximum. Égouttez, puis laissez refroidir. Hachez cette farce, ajoutez le parmesan râpé et la tartufata. Rectifiez l'assaisonnement si besoin. Réservez au frais.

3 – Montage des ravioles : étalez la pâte à ravioles au laminoir avec un peu de farine, puis détaillez des disques de 8 cm de diamètre. Disposez la farce sur la moitié des disques, recouvrez avec l'autre moitié après avoir légèrement humidifié la pâte. Soudez en appuyant avec le bout des doigts. Découpez les ravioles à l'emporte-pièce, puis réservez au frais.

4 – Sauce légère au parmesan : faites revenir les échalotes sans coloration, puis versez le vin blanc. Laissez réduire. Ajoutez la crème et portez à ébullition. Ajoutez le parmesan taillé finement. Mixez et rectifiez l'assaisonnement si besoin.

5 – Dressage : portez une casserole d'eau salée à ébullition. Plongez les ravioles environ 2 à 3 min, égouttez-les. Disposez-les dans une assiette. Ajoutez la sauce au parmesan, puis le chorizo. Décorez avec des oignons nouveaux (ou des herbes fraîches) et du parmesan râpé. Dégustez.

CHARLÈNE DEPOND
& MANUEL GODET

AURÉLIEN DIGNE & CAMILA SEIXAS

C'est la magie de ce métier où tout peut arriver, où tout peut être chamboulé, où chacun a la chance de pouvoir évoluer comme bon lui semble. Regardez ces deux-là : quelle était la probabilité pour que Camila Seixas, la Brésilienne de Belém, rencontre Aurélien Digne, le Finistérien ? Ça s'est pourtant produit, et bien loin de leur terre, chez Bras, à Laguiole. Ils y sont restés trois ans avant de s'installer en Bretagne, à Rennes, où Aurélien a pris les commandes de La Fontaine aux Perles.

Mais l'envie était devenue trop forte d'avoir leur chez eux. Une petite maison tranquille façon cabane de plage aux tons pastel, sable et corail, qu'ils ont aménagée à leur manière, colorée et ensoleillée. Et puis Aurélien a laissé les fourneaux à Camila, pour passer en salle. Ce n'est pas son métier, mais il apprend vite. Le propos est simple, une cuisine de saison, de vacances, qui plaît à tous, touristes et locaux, dans l'univers joyeusement décontracté qu'ils ont créé en peu de temps.

Le nom de leur restaurant, anagramme de « horizon », sonne à la fois un peu « breizh » et un peu brésilien. Il annonce le soleil sur l'océan, le farniente et le métissage : des crêpes au sarrasin façon tacos garnies de porc confit et de livèche, tout un programme...

Orizhon — 11,5/20

2, quai Jacques-de-Thézac – 29770 Audierne

FACILE

Sardines grillées, courgette, condiment poivron, sauce vierge

POUR 6 PERSONNES

Préparation : 50 min
Cuisson : 40 min

1,5 kg de sardines entières
Sel

Sauce vierge
100 g de poivrons jaunes
100 g de poivrons rouges
100 g d'échalotes ciselées
100 g de pignons de pin torréfiés
30 cl d'huile d'olive
10 cl de jus de citron
Coriandre
Persil
Sel et poivre

Poivrade
250 g de poivrons rouges
250 g de poivrons jaunes
150 g d'oignons émincés
1 gousse d'ail
Huile d'olive
Sel
Poivre

Courgettes grillées
2 courgettes
Huile d'olive
Sel
Thym séché

1 – Sauce vierge : coupez en brunoise les poivrons. Ciselez l'échalote. Hachez les herbes. Dans un bol, mélangez tous les ingrédients et assaisonnez avec du sel et du poivre.

2 – Poivrade : coupez les poivrons en 2, enlevez le pédoncule et les pépins, puis émincez-les. Faites chauffer dans une casserole un filet d'huile d'olive, ajoutez l'ail, laissez cuire 1 min et rajoutez les poivrons. Assaisonnez. Baissez le feu et couvrez. Mélangez toutes les 5 min et faites cuire environ 20 min.

3 – Courgettes grillées : préchauffez le four à 240 °C (th. 8). Lavez les courgettes, enlevez les extrémités. Coupez-les en 2 et faites des bâtonnets. Versez dans un bol et ajoutez un filet d'huile d'olive et le thym séché. Mettez le tout sur une plaque de cuisson assez grande pour ne pas superposer les bâtonnets. Faites cuire pendant 10 min. Salez après cuisson.

4 – Pickles d'oignon : épluchez les oignons, coupez-les en 2, puis en pétales. Faites bouillir dans une casserole l'eau, le vinaigre et le sucre, puis versez sur les oignons en pétales. Laissez refroidir.

5 – Sardines : enlevez la tête et videz les sardines. Faites-les griller au barbecue jusqu'à une belle coloration de la peau.

CAMILA SEIXAS

Pickles d'oignon
1 volume de sucre
2 volumes de vinaigre
3 volumes d'eau
1 kg d'oignons rouges

6 – Dressage : dans une assiette plate, disposez trois petits tas de poivrade vers le centre de l'assiette. Ajoutez 5 bâtonnets de courgette et disposez harmonieusement environ 5 sardines. Ajoutez la sauce vierge et les pickles d'oignon pour la décoration.

MARIE DIJON

Elle a ce je-ne-sais-quoi de solaire qui rend les choses plus belles et les assiettes meilleures qu'ailleurs. Marie Dijon (*assise, au centre*) est une pure Marseillaise, mais sans accent, qui a commencé la cuisine presque comme un jeu – elle se destinait à des études de droit – et s'est laissée prendre par le démon de la marmite et les belles rencontres. Ludovic Turac (Une Table au Sud, à Marseille), puis Pierre Giannetti (Grain de Sel, à Marseille), auquel elle succède pour son vrai premier poste de chef.

Gault&Millau la remarque alors, pour la première fois. Nous sommes en 2016 et le Guide Jaune écrit qu'il va désormais suivre la jeune fille *« avec le plus grand intérêt »*. Car son imagination, sa spontanéité, sa simplicité pour rendre attractif un plat apportent une fraîcheur novatrice : avec trois ingrédients qui ne se connaissent pas, elle invente un goût, une idée, un voyage, une fulgurance. Lorsqu'elle se décide à créer son propre établissement, près du cours Julien, elle concourt pour la Dotation Jeune Talent Gault&Millau ; qu'elle obtient dès le premier examen du jury. Son restaurant Caterine se pose rue de Fontange et le tout-Marseille accourt, naturellement.

Sa cantine-épicerie à façade bleu roi ornée de la belle plaque soleil Gault&Millau est un programme, une promesse. On veut partir dans cet univers personnel, goûter le chawanmushi de seiche aux shiitakés et œufs de saumon, craquer pour la focaccia perdue au jus de poisson coque moules à l'estragon fenouil et pois chiche ou la poitrine de cochon prune fermentée et chou kale frit... Généreuse et partageuse, elle ne vous laisse pas partir les mains vides : un kebab de poulpe, un sandwich pastrami pickles concombre et ketchup de betterave fumée, avec le pain de ses potes de House of Pain, installés juste à côté. Parce que des amis, elle en a, évidemment, beaucoup.

Caterine — 12/20
27, rue Fontange – 13006 Marseille

FACILE

Flan brésilien

POUR 6 PERSONNES

Préparation : 5 min
Cuisson : 55 min

800 g de lait concentré sucré
800 g de lait demi-écrémé
6 œufs
Beurre pour le moule

1 – Préchauffez le four à 180 °C (th. 6). Mélangez les différents ingrédients dans un saladier à l'aide d'un fouet jusqu'à obtenir un mélange homogène.

2 – Beurrez un moule à cake ou un moule à savarin (c'est le cas ici). Versez-y le mélange.

3 – Enfournez et laissez cuire au bain-marie pendant 55 min. Laissez refroidir. Vous pouvez le décorer avec des zestes d'orange confite ou un caramel.

MARIE DIJON

Grand'
Place
Café

CARSTEN DIRSCHAUER

Après Anecdote et Froggy's Tavern, également au cœur de la ville, une nouvelle initiative pour Alexandre Gauthier qui, décidément, truste et revitalise toute la scène gastro de cet arrière-pays touquetois, et une belle idée : faire revivre le café d'antan avec ses recettes *« originelles et originales »*, comme le précise notre Cuisinier de l'Année 2016, l'illustre chef de La Grenouillère à 5 toques (à La Madelaine-sous-Montreuil, à un jet de pierre).

Sur la place de Montreuil-sur-Mer, donc, ce superbe café aux larges baies vitrées et au mobilier façon vintage est une bulle de plaisir, pas nostalgique pour un sou, mais au contraire vivante et enthousiasmante. *« On fait le vrai welsh, sans jambon ni œuf, comme il est arrivé d'Angleterre dans le port de Boulogne en 1920 : avec un pain au levain imbibé au pinceau d'une bière légère, pas pâteux, bien fluide, avec du cheddar et, seule concession à la modernité, on le termine au piment d'Espelette, aussi pour intensifier la couleur. »*

C'est un lieu du quotidien où tous les milieux se croisent, le cadre en goguette et l'employé du bureau de la mairie dans une franche mixité sociale, où le cuisinier en place, Carsten Dirschauer, varie les plaisirs, avec le *fish and chips* et l'œuf mayo, mais aussi un semainier de plats ouvriers, la paupiette le mardi, le vol-au-vent le jeudi, le parmentier le vendredi, et même le cordon-bleu, qui rappelle les origines germaniques du jeune chef.

Grand'Place Café — 12/20

7, place du Général-de-Gaulle – 62170 Montreuil-sur-Mer

FACILE

Cordon-bleu

POUR 6 PERSONNES

Préparation : 20 min

Cuisson : 10 min

Repos : 12 h

750 g de filet de dinde fermier

300 g de tranche d'emmental du fromager

6 fines tranches de jambon blanc cuit avec couenne

150 g de chapelure fine

150 g de chapelure épaisse (panko)

50 g de farine de blé

3 blancs d'œuf

Sel et poivre

1 – Préparation : divisez le filet de dinde en suivant les nerfs du filet. Ouvrez le morceau en papillon afin d'y incorporer la garniture, puis aplatissez les filets pour rendre la viande plus tendre et atteindre les bonnes proportions.
– Déposez 3 tranches d'emmental, puis 1 couche de jambon, et, enfin, 3 autres couches d'emmental. Assaisonnez au poivre blanc. Fermez les filets comme des paquets sans laisser d'espace et serrez avec du film alimentaire.
– Réservez au frais toute une nuit pour que la chair puisse coller.

2 – Cuisson : enlevez le film et assaisonnez les filets avec du sel. Faites une première panure avec de la farine, du blanc d'œuf et de la chapelure fine. Faites une seconde panure avec du blanc d'œuf et de la chapelure panko. Chauffez la friteuse à 180 °C et préchauffez le four à 140 °C (th. 4-5). Faites frire les cordons-bleus pendant 3 min, puis enfournez-les 5 min.

3 – Dressage : laissez reposer pendant 10 min avant de tailler en grosses tranches de 4-5 cm. Servez accompagné de coquillettes au beurre demi-sel et/ou d'une salade avec une vinaigrette relevée à la moutarde de Dijon.

CARSTEN DIRSCHAUER &
ALEXANDRE GAUTHIER

CAROLE ECKERT & LUCAS ENGEL

Nous avions été enthousiasmés par son Comptoir à Manger strasbourgeois, nous l'avons été, sans doute encore plus fortement, par son nouvel établissement à Barr, sur la route des vins.

Enfin ! Oui, enfin, car nous étions un peu en peine après la fermeture du Comptoir, et nous languissions de retrouver cette touche subtile, cette cuisine pleine d'allant, de gourmandise, ce mix si bien trouvé entre racines alsaciennes et saveurs de pleine imagination, où se mêlent les parfums de saison et les idées voyageuses, dans une vision bio et locavore dont elle ne démord évidemment jamais.

Avec Lucas Engel, son chef et son complice, venu de l'Auberge Frankenbourg, elle s'est installée dans une ancienne menuiserie proche du château d'Andlau, pour produire cette carte enthousiasmante, ces sucrés salés innovants jusqu'aux desserts pleins de charme, de l'omble chevalier des Sources du Heimbach cuit pendant 90 minutes au sel, associé à des figues à peine brûlées au chalumeau, jusqu'à l'incroyable glace au fenouil bronze et l'insolite pastèque d'Alsace servie avec de la faisselle et soulignée d'estragon.

Carole Eckert anime la salle avec grâce et érudition, conseillant chaque table sur les vins d'Alsace qu'elle connaît si bien, privilégiant bien sûr le bio et le naturel.

Enfin — 15/20
2, chemin du Château-d'Andlau – 67140 Barr

EXPERT

Barbeaux du Rhin façon katsu sando

8 PERSONNES

Préparation : 50 min

Cuisson : 1 h 10

Repos : 24 h

500 g de filet de barbeaux du Rhin
50 g d'oignons
1 kg de poivrons de différentes couleurs
100 g de coriandre fraîche
5 cl d'huile de pépins de raisin
1 œuf
1 c. à soupe de farine
2 choux tatsaï
1 oignon rouge
Paprika fumé
Huile de tournesol
Piment doux d'Alsace
Vinaigre de vin rouge bio
150 g pain de mie
100 g de beurre
20 g d'ail
Sel

1 – Préparez le barbeau : ôtez les arêtes et la peau, puis hachez les filets.

2 – Farce : taillez les deux tiers des poivrons en brunoise et faites-les revenir très rapidement à la poêle pour garder une texture légèrement croquante. Réservez-en une moitié (pour la sauce vierge), utilisez l'autre pour la farce en la mélangeant avec le barbeau haché, la farine, l'œuf, le piment doux, un peu de coriandre hachée, du vert de chou tatsaï ciselé et un peu de paprika fumé, salez.

3 – Taillez le pain de mie en fines tranches, assemblez-les en un socle dans le fond d'un moule en forme de cadre, préalablement filmé et mis sur une plaque à pâtisserie.

4 – Étalez la farce de barbeau sur le pain, terminez par un couvercle de pain de mie.

5 – Clarifiez* le beurre et tamponnez-en le cadre, réservez le reste.

6 – Filmez le cadre de façon hermétique avec un film alimentaire et mettez dans un four à vapeur à 90 °C (ou un panier vapeur) pendant 45 min environ. Une fois la cuisson terminée, réservez au frais 24 h, puis taillez en rectangles réguliers.

7 – Sauce barbecue de poivrons : enfournez les poivrons entiers restants à 250 °C (th. 7-8) pendant 15 min pour leur donner une saveur grillée et fumée. Épluchez-les et faites-les revenir au sautoir avec l'oignon émincé, du sel et l'ail ciselé. Déglacez avec un peu de vinaigre de vin rouge et mixez pour obtenir une sauce, assaisonnez de paprika fumé et piment doux.

LUCAS ENGEL

8 – Réalisez une huile de coriandre : blanchissez très rapidement et faites refroidir les feuilles en plongeant dans une glaçante*, puis mixez avec l'huile de pépins de raisin en refroidissant dans de la glace pour fixer la chlorophylle.

9 – Garniture : séparez le vert et le blanc des tiges de chou, émincez finement le vert et réservez les blancs.

10 – Réalisez une sauce vierge avec la moitié des poivrons sautés, en mélangeant oignon rouge émincé, coriandre ciselée, huile de tournesol, vinaigre de vin rouge et piment doux. Assaisonnez.

11 – Réalisez une vinaigrette avec un peu de sauce de poivrons fumés, de l'huile de tournesol, du vinaigre de vin rouge, du paprika fumé et du sel.

12 – Dressage : assaisonnez le vert de chou tatsaï avec la vinaigrette et du sel, puis dressez-le en bol. Poêlez les sandwiches de barbeau à l'aide du beurre clarifié restant sur chaque face et terminez la cuisson au four à 180 °C pendant 5 min pour garder la texture souple et chaude. Faites griller les blancs de chou tatsaï avec l'huile de tournesol à la plancha en démarrant la cuisson à froid, salez. Servez avec les sandwiches.

THIBAULT ÉTIENNE & ÉLODIE OUCHELLI

Pour le voyageur musardant au hasard dans la banlieue bisontine, cette table contemporaine posée dans le centre d'un village bordé par une imposante zone commerciale pourrait presque paraître un prélude saugrenu, voire incongru, pour une jeune maison ambitieuse. À y regarder de près, c'est en réalité un excellent choix pour Élodie Ouchelli et Thibault Étienne.

Tous deux Belfortains, comme un certain Olivier Nasti, ils ont cherché longtemps avant de saisir cette opportunité offerte par la mairie de Saint-Vit. Non pas que la commune concentre un attrait gastronomique majeur, mais l'accessibilité et la situation de cette bâtisse refaite à neuf et décorée avec goût et sobriété jouent largement en sa faveur, compte tenu d'une densité relativement faible en bonnes tables à Besançon et alentour pour un jeune couple aussi prometteur.

Thibault Étienne appartient à une génération qui a su bien grandir auprès de maîtres confirmés, comme Emmanuel Renaut, à Megève, ou Romuald Fassenet, entraîneur de champions pour le Bocuse d'or et grand chef consacré par Gault&Millau, à Dole. La fréquentation de ces belles maisons, mais aussi le goût d'une liturgie décontractée ont permis à Élodie et Thibault de créer une forme de chic détendu qui s'adapte très bien à cette cuisine précise, immédiatement plaisante et déjà bien personnalisée. Les locaux ne s'y trompent pas, garnissent la salle pour le performant menu déjeuner, et reviennent le soir en famille.

Prélude — 13/20
5, place Simone-Veil – 25410 Saint-Vit

INTERMÉDIAIRE

Paleron de bœuf confit, pulpe d'épinards & rave glacée à l'huile d'olive

POUR 6 PERSONNES

Préparation : 30 min
Cuisson : 2 h 20

1 kg de paleron de bœuf

Garniture bourguignonne
2 tranches de pain de mie en dés
100 g de lard fumé en dés
½ botte de ciboulette ciselée

Pulpe d'épinard
1 kg d'épinards frais
10 cl d'huile d'olive
25 cl de jus de citron

Rave
1 céleri-rave
50 cl d'huile d'olive
1 l de fond blanc

Sauce bourguignonne au houblon
100 g de céleri-rave
3 échalotes
3 champignons de Paris
25 cl de vin rouge
25 cl de porto rouge
50 cl de fond brun
1 bouquet garni
50 g de houblon sec
5 gouttes d'Angostura
Sel et poivre du moulin

1 – Préparez le paleron : faites colorer le paleron sur chaque face en cocotte avec l'huile d'olive. Réservez.

2 – Faites revenir la garniture aromatique de la sauce dans la cocotte. Déglacez au porto, puis réduire à sec. Mouillez de vin rouge et de fond brun.

3 – Remettez le paleron dans la cocotte et portez à frémissement. Préchauffez le four à 180 °C (th. 6), enfournez la cocotte couverte et laissez cuire durant 2 h. Retirez le paleron de la sauce.

4 – Réalisez la pulpe d'épinard : faites blanchir les épinards dans un grand volume d'eau salée. Rafraîchissez-les aussitôt, égouttez-les et mixez-les avec tous les ingrédients.

5 – Préparez le céleri-rave : taillez le céleri en 4 quartiers, faites blanchir fortement à l'eau salée. Versez le fond blanc et l'huile d'olive dans un sautoir, portez à frémissement, ajoutez les quarts de céleri, laissez réduire à glace*.

6 – Pour la garniture bourguignonne : faites dorer le pain de mie et le lard à la poêle séparément.

7 – Finition et dressage : faites réduire le jus du paleron à glace*, infusez-le avec le houblon 1 min, puis passez-le au chinois fin. Taillez le paleron en tranches et nappez-le de sauce au houblon. Déposez une quenelle de pulpe et une rave dans chaque assiette. Parsemez la garniture bourguignonne sur le paleron.

THIBAULT ÉTIENNE

LE MOULIN DE L'IMAGINAIRE
MI
RESTAURANT
Fabienne Eymard

FABIENNE EYMARD

Elle est revenue au pays, et c'est un retour gagnant. Fabienne Eymard, la Corrézienne, a trouvé à Terrasson, à la frontière avec son département natal, une terre d'accueil qui lui correspond parfaitement. Dans ce village où l'imaginaire joue un rôle gourmand – telle fut l'enseigne de la magnifique table d'Éric Samson, le Breton, durant près de dix ans – et touristique – les Jardins de l'imaginaire sont un site majeur de la ville –, l'ancienne cheffe d'Alain Ducasse, chez Benoit, à New York, puis à Paris, retrouve avec bonheur le terroir de son enfance.

Tout beau, tout nouveau, tout chaud, son restaurant est à son image, généreux et souriant, traduisant une tradition si bien comprise par celle qui passa aussi chez Taillevent, période Alain Solivérès, pour se frotter à la haute cuisine bourgeoise. Dans cette grande maison des bords de la Vézère, plus d'agitation citadine, fini le rythme endiablé de la capitale, mais une détente et un bien-être reconquis, depuis la terrasse donnant sur le Pont Vieux.

Fabienne Eymard est ici dans son élément et les belles recettes pratiquées chez Benoit trouvent naturellement leur prolongement périgourdin. Un pâté en croûte d'école, un magnifique ris de veau aux légumes primeurs, un vacherin aux fraises glace fraise vanille, tout cela donne envie de clamer, comme tout homme politique déroulant son programme : *« C'est de cela que les Français ont besoin ! »*

Le Moulin de l'Imaginaire — 13,5/20
1, avenue Charles-de-Gaulle
24120 Terrasson-Lavilledieu

FACILE

Aile de raie
à la grenobloise

POUR 6 PERSONNES

Préparation : 55 min
Cuisson : 1 h 40

Raie et jus de poisson
- 2 ailes de raie de 1 kg chacune
- 250 g de fenouil
- 250 g d'échalote (10 échalotes)
- 3 gousses d'ail
- ¼ botte de thym
- 25 cl de vin blanc
- 250 g de beurre doux

Grenobloise
- 8 g de câpres
- 2 citrons jaunes
- 5 g de persil plat
- 150 g de pain de campagne rassis
- 5 g de tomates séchées (ou confites)
- 100 g de beurre

Garniture
- 6 pommes de terre Agatha ou Mona Lisa
- 250 g de pousses d'épinard
- 3 cl d'huile d'olive
- 20 g de beurre

1 – Préparez la raie : levez les filets, coupez-les en 2, puis repliez les bords vers l'intérieur afin d'obtenir de beaux pavés réguliers. Vous pouvez demander à votre poissonnier de le faire. Gardez les arêtes. Réservez.

2 – Préparez le jus : concassez les arêtes et taillez la garniture aromatique. Dans une casserole, faites rissoler le beurre (coloration légèrement brune) et faites revenir les arêtes. Ajoutez la garniture aromatique et faites suer. Déglacez avec le vin blanc et laissez réduire. Mouillez avec de l'eau. Laissez cuire 30 min à feu doux. Passez le jus au chinois et faites réduire jusqu'à obtenir le goût désiré et une belle consistance. Terminez en montant au beurre noisette.

3 – Préparez la grenobloise : taillez le pain en dés de 0,5 cm, puis faites dorer au beurre dans une poêle. Hachez le persil. Prélevez les suprêmes (la chair) des citrons. Égouttez les câpres. Taillez les tomates en dés.

4 – Préparez la garniture : lavez les pommes de terre. Faites-les cuire avec la peau dans un plat à four couvert pendant 1 h, vérifiez avec la pointe d'un couteau. Lorsqu'elles sont fondantes, épluchez-les, puis écrasez-les dans un bol en ajoutant le beurre en cubes et l'huile d'olive. Rectifiez l'assaisonnement.

5 – Finition : faites cuire la raie au beurre noisette dans une poêle (colorez un côté, puis retournez délicatement et arrosez avec le beurre). Ajoutez persil, câpres, tomates et dés de citron. Faites sauter les pousses d'épinard rapidement à l'huile d'olive.

6 – Dressage : déposez la garniture dans une assiette creuse, l'aile de raie chevauchant légèrement, nappez de sauce et terminez avec les croûtons dorés.

FABIENNE EYMARD

JÉRÔME FAURE

Mieux vaut un petit chez soi qu'un grand chez les autres, dit-on souvent. Après avoir servi de belles maisons et avoir largement contribué à bâtir la notoriété de certaines, tels l'Hôtel du Golf, à Corrençon-en-Vercors, ou le domaine de Fontenille, à Lauris, Jérôme Faure a enfin pu s'installer. Chez lui ! À savoir non loin de son précédent terrain de jeu, dans le Luberon. Sûrement pour la splendeur des paysages, la douceur du climat et la richesse du terroir.

Il a construit son nouveau refuge avec Laurence Collet, sa compagne, sur cette ancienne voie romaine qui lui inspire l'enseigne. Là, ce fidèle d'entre les fidèles chouchoute ses producteurs comme ses clients avec une cuisine toujours autant brillante et personnelle.

La fidélité, c'est aussi une valeur pour Gault&Millau. Celui qui fut Jeune Talent, puis Grand de Demain, en 2013 à Corrençon, a pu bénéficier de la Dotation Gault&Millau lorsqu'il s'est décidé – enfin – à voler de ses propres ailes. Mais lui aussi a montré qu'il avait à cœur l'accompagnement et la transmission. Celui qui forma, jadis, les jeunes cuisinières de l'Hôtel des Bains, à Charavines – la plus belle cave de France, au passage… –, est un chef qui donne beaucoup, son expérience, son amitié, son talent, pour régaler les autres dans ce qu'il nomme lui-même une *« maison de cuisinier »*.

Domitia — 13/20

440, rue des Micocouliers – 84220 Beaumettes

FACILE

Artichaut bouton en beignet, pâte de tomate relevée, sauce bois boudran

POUR 10 PERSONNES

Préparation : 25 min
Cuisson : 55 min

30 artichauts bouton surgelés

Sauce bois boudran
30 cl de pépins de raisin
10 cl de vinaigre de xérès
130 g de ketchup
2 c. à café de Worcestershire
10 gouttes de Tabasco
200 g d'échalotes
10 g de cerfeuil
12 g de ciboulette
40 g d'estragon
Sel et poivre

Pâte de tomate
1,3 kg de tomates
3 oignons
3 gousses d'ail
1 botte de basilic
3 c. à soupe de curry
5 c. à soupe de balsamique
9 c. à soupe de ketchup
3 c. à soupe de miel
Tabasco
Huile d'olive

Pâte à beignets
2 œufs
60 g de fromage blanc entier
100 g de farine
50 g de Maïzena
14 g de levure chimique
Huile de friture

1 – Faites cuire les artichauts surgelés au four vapeur à 100 °C pendant 10 min (ou suivre les instructions du sachet).

2 – Préparez la sauce bois boudran : émulsionnez les sauces ketchup, Tabasco, Worcestershire et le vinaigre de xérès avec l'huile de pépins de raisin. Ajoutez l'échalote ciselée, les herbes hachées et assaisonnez.

3 – Préparez la pâte de tomate : faites revenir à l'huile d'olive les oignons et les gousses d'ail dégermées. Ajoutez les tomates coupées en quartiers et le reste des ingrédients. Portez à ébullition et faites cuire à feu doux 30 min environ. Faites dessécher à feu vif, puis mixez. Assaisonnez et laissez refroidir.

4 – Préparez la pâte à beignets : battez les œufs au fouet, ajoutez le fromage blanc entier, la farine tamisée avec la Maïzena et la levure. Terminez avec 10 cl d'eau et une pointe de sel.

5 – Finition : trempez les artichauts dans la pâte. Faites-les frire dans l'huile de friture 1 min environ. Servez avec la sauce bois boudran et la pâte de tomate tiédie.

JÉRÔME FAURE

LUCAS FELZINE

Après Fitzgerald et Abstinence, où nous l'avions connu et largement promu, voici le nouveau restaurant lancé et supervisé par Lucas Felzine : Vesper. Comme ses deux cousins de la rive gauche, le concept est dans la totale immersion, le plaisir d'une soirée très parisienne, très tendance, très festive. D'ailleurs, pour mieux comprendre l'univers dans lequel cette nouvelle table s'inscrit, il suffit de consulter la « fiche technique » du Fitz Group aux manettes de ces trois adresses qui se décrit lui-même comme *« un keyplayer de la restauration expérientielle à Paris ».*

Lucas Felzine en est le chef exécutif, c'est-à-dire celui qui dessine la carte et crée les meilleures conditions avec les cuisiniers sur place, dans ce lieu effectivement singulier, où les yeux et les oreilles sont fortement sollicités. La cuisine est sous inspiration nikkei, celle qui fonctionne si bien dans toutes les capitales du monde, alliant Japon et Pérou dans des préparations fusionnantes où l'on fait entrer le frais, le cru, et surtout un exotisme joyeux, débridé, sans frontières ni œillères.

Derrière cet exotisme qui pourrait paraître surjoué, il y a un chef brillant qui ne laisse rien au hasard. Celui qui fut formé par des très grands – comme William Ledeuil, Philippe Labbé ou Alain Passard – montre dans chaque assiette le sens du goût juste et de l'association gagnante.

Vesper — 12/20
81, avenue Bosquet – 75007 Paris

INTERMÉDIAIRE

Tacos de cabillaud fumé, guacamole nikkei & laquage teriyaki shiso

POUR 4 PERSONNES

Préparation : 50 min
Cuisson : 1 h 45

8 tortillas de maïs ou tacos

Le poisson

300 g de filets de cabillaud

20 g de gros sel gris

1 zeste de citron vert (en garder un petit peu pour la finition)

20 g de sciure de bois pour le fumage

Guacamole

3 avocats bien mûrs

20 g de miel

1 c. à café de tabasco vert ou tabasco habañero

15 g de miso blanc

2 c. à café de jus de citron vert

½ oignon rouge

¼ de botte de coriandre fraîche

Sauce teriyaki au shiso vert

150 g de sauce teriyaki

3 grandes feuilles de shiso vert (ou ¼ de botte de menthe et ¼ de botte d'estragon)

Quinoa soufflé

10 cl d'huile de friture

50 g de quinoa

Topping

½ oignon rouge taillé fin

3 grandes feuilles de shiso vert (ou ¼ de botte de menthe et ¼ de botte d'estragon)

½ botte de coriandre

1 – Quinoa soufflé : faites cuire le quinoa dans un grand volume d'eau bouillante salée. Égouttez-le et enfournez-le pendant 1 h dans un four à 70 °C afin d'évacuer l'humidité. Dans une poêle, faites frire le quinoa dans l'huile. Une fois bien coloré, égouttez-le sur un papier absorbant. Salez.

2 – Poisson : mélangez gros sel et zeste de citron et étalez sur le filet de cabillaud. Laissez mariner 15 min, puis rincez le filet à l'eau fraîche. Essuyez-le bien.

3 – Fumez le poisson : mettez les filets de cabillaud sur la grille du four froid en haut du four. Faites chauffer fortement une casserole assez basse sans rien mettre dedans. Une fois bien chaude, mettez-y la sciure, allumez avec un chalumeau et placez-la dans le four. Laissez fumer le cabillaud pendant 10 min maximum, puis réservez au frais 10 min. Taillez en cubes (un peu plus grands que pour un tartare). Réservez au frais.

4 – Guacamole : taillez l'oignon en fine brunoise et hachez la coriandre. Prélevez la chair des avocats et mettez-la dans un saladier. Ajoutez tous les ingrédients et écrasez à la fourchette. Ajustez l'assaisonnement avec du citron. Réservez.

5 – Mixez la sauce teriyaki avec le shiso. Réservez.

6 – Dressage et finition : faites chauffer les tacos dans une poêle brûlante quelques secondes. Déposez le guacamole dessus. Mélangez le cabillaud avec la sauce teriyaki, ajoutez un zeste de citron vert. Déposez-le sur le guacamole, parsemez d'herbes et d'oignon . Ajoutez des grains de quinoa soufflés.

LUCAS FELZINE

VALENTIN FERTE

Beaufort-en-Vallée, devenu Beaufort-en-Anjou en 2016, a certainement une longue histoire si l'on en croit ce nom romain qu'a donné Valentin Ferte à son restaurant. Reprenant avec enthousiasme une ancienne pâtisserie sur la place du village, le jeune homme accomplit exactement ce que Gault&Millau appelle de ses vœux depuis des années, en insistant sur sa présence en région : la revitalisation des campagnes par la renaissance des auberges et des aubergistes.

L'aubergiste, c'est, traditionnellement, celui qui accueillait, recevait les voyageurs, à cheval ou en diligence, leur permettant de passer la nuit avec le gîte et le couvert. Aujourd'hui, on peut sans doute aller de Saumur à Angers en moins d'une journée, mais il est bien agréable, à mi-chemin, de s'arrêter à Beaufort pour ravitailler la monture et le cavalier.

Originaire de Vernantes, tout près de là, Valentin Ferte a fait son apprentissage et sa formation dans la région auprès de quelques prestigieuses toques avant de se lancer dans ce beau projet, avec une ambition durable. Car il s'agit de faire vivre un restaurant dans un cercle vertueux, en sollicitant et en aidant les producteurs alentour. Une première toque pour une déco claire et contemporaine, le sourire de Louise en salle, les vins de la région en biodynamie, et la cuisine précise de Valentin qui redonne des couleurs à tout le canton.

Bellus Fortis — 11/20

3, place Jeanne-de-Laval – 49250 Beaufort-en-Anjou

INTERMÉDIAIRE

Queue de lotte polenta & légumes du mois de mai, sauce aux langoustines

POUR 6 PERSONNES

Préparation : 1 h
Cuisson : 1 h 40

1 queue de lotte d'environ 1,8 kg
12 langoustines
1 botte d'asperges blanches
1 botte de navets violets
1 botte de carottes nouvelles
1 oignon jaune
1 l de lait cru
100 g de parmesan AOP râpé
250 g de beurre demi-sel cru
1 petit pot de crème crue
200 g de polenta
4 cl de cognac
8 cl d'huile d'olive
Sel fin non iodé
Gros sel non iodé
Fleur de sel pour le dressage

Astuce du chef :
« Gardez les fanes de carottes et de navets pour faire un pesto, avec un peu de parmesan, de l'huile d'olive et quelques pignons de pin torréfiés. »

1 – Demandez au poissonnier de lever et parer les filets, gardez les arêtes et parures pour la sauce.

2 – Lavez et épluchez les carottes et les navets, gardez les pelures pour la sauce (et les fanes pour un pesto). Épluchez et émincez l'oignon.

3 – Réalisez le bouillon : décortiquez les langoustines et gardez les queues pour l'entrée ou l'apéritif (avec le pesto...). Dans une marmite, faites rissoler l'oignon à l'huile d'olive avec les pelures de carottes et navets, les carcasses de langoustine et les parures de lotte. Flambez au cognac, puis mouillez à l'eau à hauteur et laissez réduire 35 min.

4 – Préparez la polenta : versez la polenta et 10 g de sel fin dans le litre de lait cru bouillant, remuez avec un fouet à feu doux jusqu'à l'obtention d'une texture quasi solide et incorporez une belle noix de beurre et le parmesan. Débarrassez dans une plaque allant au four ou dans des moules en silicone.

5 – Préparez les asperges : épluchez les asperges et plongez-les dans l'eau bouillante (6 min pour des asperges de taille moyenne), égouttez, puis faites colorer au beurre dans une poêle.

6 – Faites cuire les navets 8 min à l'eau bouillante salée et les carottes 5 min à l'eau bouillante salée, réservez l'eau de cuisson.

7 – Filtrez le bouillon et laissez réduire afin de bien concentrer les arômes (ça doit sentir bon jusque

VALENTIN FERTE

dans le salon), ajoutez la crème crue et rectifiez l'assaisonnement.

8 – Dorez les filets de lotte au beurre sur toutes les faces, puis terminez la cuisson au four ventilé à 180 °C (th. 6) entre 6 et 8 min suivant l'épaisseur des filets.

9 – Réchauffez les carottes et les navets dans un poêlon avec du beurre et un peu d'eau de cuisson des carottes. Réchauffez la polenta et les asperges au four.

10 – Dressage : déposez la lotte sur l'assiette, disposez harmonieusement les légumes et la polenta, saucez, ajoutez la fleur de sel et dégustez.

Conseil vin :

« Servez accompagné d'un romorantin ou d'un chenin sec. »

ANTOINE FOEZON

Une fois de plus, Gault&Millau a frappé à la bonne porte. Avant d'ouvrir son restaurant, Antoine Foezon n'était déjà plus un inconnu pour nous. Breton pur souche formé à Saint-Méen-le-Grand, il a bénéficié des savoirs de deux maîtres à forte personnalité et bien différents, mais aussi exigeants et rigoureux l'un que l'autre : Patrick Jeffroy, qui lui a confié ses secrets de l'air du large et de la bonne pêche, et Jean-Luc Rabanel, l'artiste du végétal, l'homme qui murmure à l'oreille des artichauts et des petits pois.

Aussi, lorsque Antoine Foezon est revenu sur ces terres natales pour reprendre le restaurant des halles, c'est tout naturellement que Gault&Millau en a fait un de ses lauréats pour la Dotation des Jeunes Talents. Ce qui lui a permis de démarrer sur de bonnes bases.

Avec Margaux, sa complice en salle, l'aventure se fait belle pour ce passionné de plongée sous-marine qui aime, bien sûr, travailler les produits de la mer et s'approvisionne au plus près pour encourager la culture locale et tisser un réseau de fidèles. Jamais une assiette banale, toujours une signature, un goût pour les acidités bien dosées avec les parfums d'embruns toujours à propos, le 21ème commis a tout pour devenir un grand chef.

Le 21ème Commis — 13/20
23, rue du Mur – 29600 Morlaix

EXPERT

Poire fumée, chou-fleur & coques

POUR 4 PERSONNES

Préparation : 50 min
Cuisson : 20 min
Repos : 6 jours

2 choux-fleurs bio et bretons
1 botte de coriandre fraîche
½ l de lait
¼ de citron confit au sel
3 poires
Huile d'olive
Sel et poivre

Coques façon marinière
500 g de coques
1 oignon
1 gousse d'ail
25 cl de vin blanc sec
2 branches de thym frais
2 feuilles de laurier

Dressage
Pourpier
Fleurs d'ail triquètre
Primevère

1 – Réalisez le taboulé de chou-fleur lactofermenté (6 jours à l'avance) : coupez et mixez un chou-fleur en semoule. Pesez-le et ajoutez 2% de sel par rapport au poids du chou-fleur. Ajoutez les feuilles de coriandre hachée. Versez cette préparation dans un bocal de conserve fermé, laissez à température ambiante pendant 5 jours, puis placez au réfrigérateur 24 heures.

2 – Le jour J, préparez la purée de chou-fleurs : coupez ½ chou-fleur en petits morceaux. Faites-le cuire 15 à 20 min dans le lait, égouttez. Mixez-le avec le citron confit, salez et poivrez à votre convenance.

3 – Réalisez les poires fumées : épluchez les poires, conservez les épluchures et parures pour la vinaigrette. Taillez 6 disques de 2,5 cm d'épaisseur. Ôtez le cœur à l'aide d'un emporte-pièce. Mettez-les à fumer pendant 1h30 dans un fumoir (si vous n'en avez pas, lire l'astuce du chef).

4 – Préparez les coques façon marinière : épluchez et taillez finement l'oignon et l'ail. Faites-les revenir sans coloration avec 2 c. à soupe d'olive, ajoutez les aromates hachés finement et le vin blanc. Portez à ébullition. Nettoyez les coques. Ajoutez-les à la préparation précédente. Couvrez et laissez cuire quelques secondes jusqu'à ce qu'elles s'ouvrent. Débarrassez, décortiquez et gardez le jus des coques pour la vinaigrette.

5 – Préparez la vinaigrette : faites cuire les peaux et parures de poire dans le jus de cuisson des coques. Mixez et tamisez. Montez la vinaigrette à votre convenance.

ANTOINE FOEZON

6 – Finition : faites des copeaux avec le ½ chou-fleur restant à la mandoline et mettez-les dans l'eau glacée. Lavez le pourpier.

7 – Dressage : déposez une cuillère de purée de chou-fleur au fond de l'assiette. Disposez un disque de poire fumée, remplissez l'intérieur avec le taboulé de chou-fleur, ajoutez quelques coques en vinaigrette, disposez quelques copeaux de chou-fleur, le pourpier et les fleurs sur le dessus.

Astuce du chef :

« Si vous ne disposez pas de fumoir, déposez quelques copeaux de bois à fumer sur une feuille de papier d'aluminium au fond d'une casserole ou un wok, placez une grille au-dessus, sur laquelle vous déposez les aliments à fumer, et couvrez. »

IDIR FSEIL

L'enseigne est à la fois sibylline et claire : AHPÉ pour les initiales des quatre saisons. Idir Fseil rejoint Vivaldi et annonce la couleur sur toute l'année, avec les produits phares qui changent au rythme du calendrier, de l'arrivée ou de la chute des feuilles des arbres, de celle des herbes et des légumes de printemps, des champignons en automne ou des tomates en été…

Avec Claire, sa compagne, hyperactive en salle, l'œil à tout et la phrase gentille pour tous, ils ont repris un caboulot populaire et bien animé pour en faire leur salon de gourmandise, dans la veine d'une cuisine de marché qui s'imprègne d'influences variées des quatre coins du monde. La Méditerranée et l'Asie inspirent Idir Fseil, qui trace sa route loin des foules. Ses accompagnements et condiments sont pleins d'imagination, flatteurs et consensuels, tout en invitant à la découverte : le radis noir fermenté grenailles et poutargue avec le tartare, la betterave riz noir et crème crue fumée avec le cabillaud, la poire chou rouge, cacahuète et satay sur une merveille de truite de Banka.

La salle claire et bien arrangée ne désemplit pas. L'accueil de Claire, la tranquillité du quartier Saint-Martin, l'harmonie qui se crée naturellement entre cuisine, salle et convives, tout contribue à donner à ce nouveau spot une attractivité fort méritée.

AHPÉ — 13/20

34, avenue du Président-JF-Kennedy – 64200 Biarritz

INTERMÉDIAIRE

Poireau grillé, sarrasin, poire, vinaigrette au lait ribot & œufs de truite

POUR 4 PERSONNES

Préparation : 35 min
Cuisson : 25 min

2 poireaux
100 g de sarrasin
1 poire
1 botte de cerfeuil
2 branches de menthe
Pousses de moutarde violette (ou toute herbe de votre maraîcher)
30 g d'œufs de truite
½ citron vert (jus)
Huile d'olive
Sel

Huile de vert de poireau
40 g de vert de poireau
40 cl d'huile d'olive
Sel

Vinaigrette au lait ribot
35 cl de lait ribot (ou yaourt nature)
½ citron vert (jus)
10 cl d'huile de vert de poireau
Sel

1 – Préparez les poireaux : séparez les blancs des verts de poireau et rincez bien le tout. Coupez les blancs en deux dans le sens de la longueur. Faites-les griller 15 min à la plancha (ou dans une poêle) des deux côtés avec du sel et de l'huile d'olive en posant un poids dessus (une poêle de taille intermédiaire ou une autre casserole). Les poireaux doivent être bien grillés et fondants.

2 – Huile de vert de poireau : dans le bol d'un mixeur, ajoutez le vert de poireau, l'huile d'olive, le sel, et mixez jusqu'à obtenir une consistance lisse. Passez l'huile à la passette fine (ou au filtre à café) de manière à ce qu'elle soit limpide.

3 – Vierge de sarrasin : torréfiez le sarrasin au four à 180 °C (th. 6) pendant 10 min. Laissez refroidir. Dans un bol, mélangez la poire découpée en petits cubes, le sarrasin torréfié, le cerfeuil et la menthe effeuillés, l'huile d'olive, le sel et le jus de citron. Assaisonnez si besoin.

4 – Vinaigrette au lait ribot : dans un bol, mélangez le lait ribot, l'huile de vert de poireau, le jus de citron et le sel. Réservez au frais.

5 – Dressage : dans une assiette plate, déposez le poireau grillé. Versez la vierge de sarrasin sur toute la surface. Déposez-y les œufs de truite avec quelques pousses de cerfeuil, des feuilles de menthe et de moutarde violette. Disposez quelques cubes de poire. Ajoutez sur le côté une belle cuillerée de vinaigrette au lait ribot et terminez avec un peu d'huile de vert de poireau sur l'ensemble de l'assiette.

IDIR FSEIL

Marjorie Gaboriau
Le 10N9

MARJORIE GABORIAU

Le droit, ça mène à tout, on le sait. Parfois au barreau, parfois au piano. Marjorie Gaboriau a ainsi fait bifurquer son chemin des prétoires pour sa véritable passion, la cuisine. D'abord avec un CAP, avant une première expérience au Bistrot des Carmes, à Angers. Elle y reste un moment, tourne un peu à Paris, avant de trouver la bonne occasion, dans sa ville, en reprenant La Canaille, un établissement bien connu sur le boulevard Arago. C'était au début de la pandémie. Ce n'est pas fait pour la décourager, car, deux ans plus tard, la voilà bien installée, avec une clientèle déjà acquise, fidèle à ses convictions, du local de saison, bio de préférence, les produits bruts étant à vendre sur place.

Car le concept de 10N9 – qui se prononce « dix-neuf », petit secret de famille qu'elle vous confiera si elle le souhaite – est, bien sûr, dans le partage et l'expérience totale. Un restaurant, une cave, une épicerie, ce lieu d'échange est tout cela à la fois, animé par un service aussi enthousiaste et dans un excellent rapport prix-plaisir, pour une cuisine personnelle aux associations recherchées, la touche d'originalité étant toujours pertinente et précise. Le restaurant de Marjorie Gaboriau ne désemplit plus et s'inscrit dans cette nouvelle et vivifiante scène angevine.

Le 10N9 — 12,5/20
8, boulevard Arago – 49000 Angers

INTERMÉDIAIRE

Blancs de seiche, mousseline de gambas, betterave et beurre blanc

POUR 6 PERSONNES

Préparation : 55 min
Cuisson : 2 h 25
Repos : 24 heures

Mousseline de gambas
450 g de gambas fraîches
2 blancs d'œuf
125 g crème liquide
Aneth

Betteraves
400 g de betteraves rouges cuites
2 c. à café d'encre de seiche

Blancs de seiche
4 blancs de seiche
Gingembre
Huile d'olive

Beurre blanc
3 échalotes
Vinaigre de cidre
250 g de beurre salé

6 belles blettes
Citron vert
Sel et poivre

1 – Préparez la mousseline de gambas : décortiquez les gambas, mixez-les avec les blancs d'œuf et la crème liquide, au mixeur (ou au Thermomix si vous en avez un). Ajoutez le sel, le poivre et l'aneth émincé selon votre goût. Faites cuire à la vapeur 20 min à 98 °C. Laissez refroidir 24 heures. Faites cuire à la vapeur 5 min au moment de servir.

2 – Préparez les betteraves : mixez les betteraves rouges avec l'encre de seiche, au mixeur (ou au Thermomix), assaisonnez.

3 – Préparez les blettes : faites cuire les blettes à la vapeur, assaisonnez.

4 – Préparez les blancs de seiche : faites mariner les blancs de seiche avec le gingembre râpé et l'huile d'olive. Faites cuire rapidement à feu vif et réservez au chaud.

5 – Préparez le beurre blanc : émincez les échalotes, mettez en casserole et ajoutez le vinaigre de cidre à hauteur. Faites cuire 1 heure à feu doux. Une fois tout évaporé, ajoutez de l'eau à hauteur également et faites cuire de nouveau 1 heure. Montez au beurre à la minute. Filtrez.

6 – Dressage : mettez la mousseline de gambas sur l'assiette, le point de betterave rouge à l'encre de seiche, le blanc de seiche saupoudré de citron vert râpé, la blette posée joliment et le beurre blanc filtré.

MARJORIE GABORIAU

MALLORY
GABSI
MALLORY
GABSI

MALLORY GABSI

Il est né dans la banlieue de Bruxelles, il a été le plus jeune candidat demi-finaliste de « Top Chef » (saison 11), il revendique sa belgitude, a déjà sa page Wikipédia et vient d'ouvrir son restaurant dans un coin chic de la capitale, à deux pas de l'Arc de Triomphe : Mallory Gabsi n'a pas eu besoin de chercher longtemps le nom de son restaurant : le sien est déjà suffisamment « bankable » pour garnir la salle des veinards qui peuvent y goûter sa cuisine.

Il incarne cette génération Z qui bouscule les précédentes, sait utiliser les réseaux sociaux bien mieux encore que les Y, et peut travailler sereinement en faisant plaisir aux 230 000 abonnés de son compte Instagram, sans doute beaucoup plus nombreux depuis la mise en page de cette notice.

Les codes, les couleurs, les textures et les éléments de langage sont minutieusement choisis et forment aussi aujourd'hui, qu'on le veuille ou non, une identité culinaire qui ne se satisfait plus d'une recette et d'une saveur, mais doit se montrer – comme l'annoncent les dossiers de presse – « audacieuse », « subtile » et « innovante ». Et si le storytelling frise parfois une caricature à la Houellebecq, tout le monde se retrouve d'accord sur un point : Mallory Gabsi possède un vrai talent, et pas seulement de metteur en scène. Dans chaque assiette, dans chaque composition, dans chaque bouchée, il montre qu'il est avant toute chose un cuisinier.

Mallory Gabsi — 14,5/20
28, rue des Acacias – 75017 Paris

INTERMÉDIAIRE

Bœuf Wagyu, langoustine & sapin baumier

POUR 4 PERSONNES

Préparation : 20 min
Cuisson : 55 min

340 g de paleron de bœuf Wagyu A5*

4 langoustines 10-15

1 citron vert

Carpaccio de champignon

1 champignon portobello

Poudre de tomate

Mélange 7 épices du Japon

Jus de bœuf

2 kg de parures de bœuf

2,5 l de fond de bœuf

150 g d'oignons

75 g de poireaux

75 g de céleri vert

75 g de carottes

5 g de sapin

1 feuille de laurier

4 branches de thym

1 tête d'ail

Huile

1 – Réalisez le jus de bœuf : colorez les parures de bœuf au four à 200 °C (th. 6-7) pendant 45 min. Dans une casserole, faites colorer le restant des ingrédients (sauf le sapin) avec un peu de matière grasse, déglacez avec le fond de bœuf et ajoutez les parures, laissez réduire de trois quarts. Passez le jus au chinois. Ajoutez le sapin et laissez infuser. Faites réduire jusqu'à une consistance nappante*. Montez le jus de bœuf au beurre au moment de servir.

2 – Réalisez le carpaccio de champignon : taillez le champignon en tranches de 2 mm d'épaisseur et taillez 4 ronds de diamètre 3 cm, 4 ronds de 2,5 cm et 4 ronds de 2 cm à l'aide d'emporte-pièce. Saupoudrez le carpaccio de poudre de tomate et d'une petite pincée d'épices du Japon.

3 – Snackez le bœuf à la plancha 2 min de chaque côté, détaillez 4 morceaux identiques. Mettez les langoustines en dessous d'un gril très chaud pendant 2 min.

4 – Dressage : disposez un morceau de bœuf par assiette, posez joliment un peu de carpaccio de champignon par-dessus. Disposez la langoustine à côté du bœuf. Zestez un peu de citron vert juste avant la dégustation.

ALBAN GARDIEN & ALEXIS LIONNAIS

Deux « A », comme les initiales de leurs prénoms. L'enseigne est toute trouvée pour ces deux jeunes gens qui ouvrent pile au bon moment, en ce printemps 2022, leur néo-bistrot venu remplacer un bar de nuit de la banlieue nord de Rennes, à La Mézière, juste en face de l'église. C'est tout près d'ici, à Saint-Grégoire, qu'ils se sont connus, dans le magnifique Saison de David Etcheverry, où Alban Gardien a passé cinq ans comme second de cuisine. De quoi se constituer un bagage impressionnant et, surtout, une philosophie, dans la rigueur et la sincérité, en appliquant les bons principes, en respectant le produit, sans l'enjoliver artificiellement.

Ce qui offre à table, dans un menu sans choix, mais bien séquencé, des filets de maquereau à la peau brillante qu'énergisent une gelée subtilement parfumée à la menthe et un trait de vinaigre de rhubarbe, ou le merlu de ligne en bouillon émulsionné au curry et risotto au sarrasin, très iodé grâce à l'ajout d'algues et de palourdes toutes fraîches.

De jolis desserts et l'apport décisif en salle d'Alexis Lionnais, qui façonne et commente aussi une carte des vins, de préférence en biodynamie, voilà comment cette banlieue jusque-là un peu dépourvue gagne une destination gourmande.

Les 2A — 12,5/20

7, place de l'Église – 35520 La Mézière

FACILE

Tartare de veau & bulots
fleurs de câpres et mayonnaise au wasabi

POUR 6 PERSONNES

Préparation : 30 min

360 g de noix de veau fermier
180 g de bulots cuits décortiqués
100 g de fleurs de câpres au vinaigre
80 g de cornichons
40 g de coriandre fraîche
Huile d'olive
Vinaigre de kalamansi
1 chou-rave
1 boule de pain au levain
1 botte de radis
Sel et poivre vert

Mayonnaise au wasabi
1 jaune d'œuf
25 cl d'huile de tournesol
20 g de moutarde
10 g de pâte de wasabi
2 cl de vinaigre balsamique blanc

1 – Préparez la botte de radis : coupez les feuilles du radis en laissant un petit plumet. Lavez et conservez les feuilles pour le dressage. Lavez les radis en prenant bien soin de retirer toute la terre. Coupez-les finement à l'aide d'une mandoline dans le sens de la longueur, plongez-les dans un bain glacé le temps de préparer le reste de la recette.

2 – Préparez la mayonnaise au wasabi : placez la boule de pain au levain au congélateur le temps de préparer la mayonnaise. Dans un cul-de-poule, mélangez le jaune d'œuf avec la moutarde ainsi que la pâte de wasabi au fouet. Ajoutez l'huile de tournesol en petit filet, tout en mélangeant énergiquement pour que la mayonnaise prenne bien et épaississe. Une fois la mayonnaise prête, assaisonnez juste de sel, et incorporez le vinaigre balsamique blanc pour enlever le côté gras. Mettez en pipette et réservez au frais.

3 – Préparez les chips de pain au levain : sortez la boule de pain du congélateur et coupez-la en tranches d'une épaisseur de 0,5 cm. Posez les tranches de pain à plat sur une plaque recouverte de papier sulfurisé, badigeonnez d'huile d'olive. Recouvrez d'une feuille de papier sulfurisé et d'une plaque. Faites cuire 10 min dans le four à 180 °C (th. 6). Laissez refroidir et réservez.

4 – Préparez le tartare de veau et bulots : coupez les morceaux de noix de veau en lanières, puis en très petits dés à l'aide d'un couteau. Versez la viande dans un bol posé sur de la glace. Coupez également les bulots en dés, ajoutez-les au veau.

ALBAN GARDIEN

– Réservez 12 fleurs de câpres pour le dressage, coupez le reste ainsi que les cornichons en petits cubes.
– Épluchez le chou-rave, coupez-le finement en tranches avec la mandoline, puis en brunoise et ajoutez-les au mélange.
– Hachez finement la coriandre, ajoutez-la au tartare, ainsi que l'huile d'olive et le vinaigre de kalamansi. Ajoutez le sel et le poivre vert moulu, et mélangez à l'aide d'une pince pour ne pas écraser le tartare. Réservez au frais.

5 – Dressage : à l'aide d'un cercle, mettez le tartare de veau et bulots au fond de l'assiette sans le tasser. Faites 4 points de mayonnaise au wasabi sur le tartare. Coupez en deux les fleurs de câpres restantes et répartissez-les sur le tartare. Égouttez les pétales de radis, mélangez-les aux feuilles de radis et assaisonnez le tout avec l'huile d'olive et le vinaigre de kalamansi. Déposez harmonieusement ce mélange pétales-feuilles de radis sur le tartare, en donnant du volume. Posez ensuite, pour finir, la fine chips de pain au levain sur le côté du tartare pour apporter du croustillant.

FABRICE GIRAUD

Cette table a beau être toute nouvelle, les amateurs ne débarquent pas ici en terra incognita. Fabrice Giraud possède un CV long comme le bras, et son arrivée dans ce coin plutôt branché du 11e rencontre un engouement immédiat. On l'a connu, dernièrement, comme chef de Maison Blanche, avenue Montaigne, à Paris, mais il a aussi officié aux côtés de Jean-Louis Nomicos, à La Grande Cascade, chez Alain Ducasse, à Monaco, avant de bourlinguer en Asie, puis à Londres.

L'exercice demandé est donc largement à sa portée : une bistronomie bon teint bon genre, maîtrisée, séduisante, dans ce cadre mêlant les styles, industriel et contemporain, ampoules suspendues et meubles vintage, avec vue sur les cuisines. L'atmosphère est celle de l'arrondissement, du cool chic pour une clientèle connaisseuse.

Dans une complète sécurité, on goûte la séquence sans bouder son plaisir, entre le foie gras et la longe de veau « breton », artichaut et épinard avec une sauce blanquette au siphon à la poudre de morilles. Le chef a de la ressource, et il n'hésite pas à prendre sa part de risque avec un simple bulbe de fenouil flanqué d'une béchamel au roquefort légère et vaporeuse, jus d'aneth et grains de maïs soufflé.

Le Beslay — 13/20

67, avenue Parmentier – 75011 Paris

FACILE

Vichyssoise, soupe froide aux pommes de terre Mona Lisa & truffes d'été

POUR 8 PERSONNES

Préparation : 50 min

Cuisson : 1 h

50 g d'échalotes émincées

250 g de pommes de terre Mona Lisa

200 g de blancs de poireau

10 cl de vin blanc sec

60 cl de fond de volaille dégraissé

50 cl de crème liquide

25 cl de lait demi-écrémé

5 cl d'huile d'olive

Garniture

2 poireaux crayons

1 gousse d'ail

Thym

Laurier

16 pommes de terre grenailles de Noirmoutier

200 g de brioche

Algues nori

20 g de truffe fraîche d'été Plantin

0,5 cl d'huile de truffe Plantin

10 cl de crème liquide

10 g de pâte de truffes Plantin

Assaisonnement

Le jus de 1 citron

Piment d'Espelette

Sel et poivre

1 – Préparez la soupe : faites suer l'échalote ciselée, le poireau et la pomme de terre avec un peu d'huile d'olive et de sel, sans coloration, déglacez au vin blanc. Faites réduire entièrement, puis mouillez au fond de volaille et laissez réduire de moitié, ajoutez la crème et le lait, faites cuire 5 min et passez au mixeur, puis au chinois fin en foulant*. Assaisonnez à froid à votre goût avec le sel, le poivre et le jus de citron. Servez la soupe bien froide, voire glacée.

2 – Pour la garniture : faites cuire les pommes grenailles avec de l'ail, du thym et le laurier à l'eau salée. Faites cuire les poireaux à l'anglaise*.

3 – Coupez la brioche en dés et faites-les colorer au four sans matière grasse, ajoutez des algues nori et des lamelles de truffes.

4 – Confectionnez une crème fouettée avec la crème liquide et la pâte de truffes.

5 – Dressage : disposez une quenelle de crème à la truffe au milieu de l'assiette. Disposez le reste de la garniture harmonieusement tout autour. Assaisonnez et servez la vichyssoise à part dans une carafe bien froide.

FABRICE GIRAUD

CARLOS GOMEZ

Encore une bonne action pour les Niçois signée par Armand Crespo, qui a mis sur le piano son chef colombien Carlos Gomez afin de faire revivre cette adresse d'humeur et de plaisir en version tapas, personnalisée par la patte magique de ce duo de choc. Connu de tous les locaux, le lieu, avec sa terrasse, unique point d'exploitation, chauffée l'hiver, donne sur la place du Palais-de-Justice, entrée principale de la vieille ville. La nouvelle équipe en a fait en quelques mois un rendez-vous chic un peu canaille ouvert à tous.

On entre dans le vif du sujet sans préambule, avec le pain de Chez Maître Pierre posé sur la table et les frivolités qui s'enchaînent : le tartare de saint-jacques et mayo à la vanille, l'incontournable tiradito de bœuf à l'algue nori, purée de feta et échalote ou le simplissime taboulé de chou-fleur, pignons de pin et raisins de Corinthe, tandis que d'autres plats, plus construits, comme le magret sauce crevette, prouvent que, même dans des conditions rudimentaires, avec une chair snackée au chalumeau, le chef se débrouille pour sortir une assiette propre et savoureuse.

Bar de la Dégustation — 12,5/20
7, rue de la Préfecture – 06300 Nice

FACILE

Tiradito de bœuf

POUR 4 PERSONNES

Préparation : 35 min

Cuisson : 20 min

360 g de cœur de rumsteck

5 échalotes

4 g de feuilles de menthe fraîche

4 g de piment doux frais

5 g d'algue nori en julienne

40 g d'oignons crispy (frits)

1 citron vert

Sel et poivre

120 g de feta

Bouillon passion

7,5 cl de jus de fruit de la passion

3 cl de fumet de poisson

3 c. à café de sauce soja sucrée

2 g de gingembre frais non épluché

Fumet de poisson

1 arête de poisson

1 oignon

1 carotte

1 bulbe de fenouil

4 g de gingembre frais

1 c. à café de graines de coriandre

1 c. à café de poivre en grain

1 – Préparez le fumet de poisson : coupez grossièrement les légumes, plongez-les dans une casserole de 1 l d'eau, ajoutez l'arête de poisson et les graines. Portez à ébullition pendant 20 min, filtrez avec une passoire fine, laissez refroidir.

2 – Pendant ce temps, coupez le cœur de rumsteck en petits dés d'environ 2 cm, ciselez la menthe, émincez le piment et coupez les échalotes en julienne.

3 – Préparez le bouillon passion : mélangez le fumet de poisson avec le jus de la passion, la sauce soja, le gingembre et 2 c. à café d'eau. Mixez le tout pendant 5 secondes, puis filtrez dans une passoire fine.

4 – Assemblage : versez les dés de viande dans un saladier, ajoutez sel et poivre, pressez le citron vert, ajoutez la menthe et le piment, puis mélangez bien. Versez le bouillon de passion sur la viande et laissez mariner pendant 1 min. Ajoutez les échalotes.

5 – Dressage : partagez la viande et le bouillon dans 4 assiettes creuses, émiettez la feta sur la viande, ajouter les oignons crispy et l'algue nori. Dégustez frais.

CARLOS GOMEZ

ASSAF GRANIT

C'est la nouvelle pépite de la fulgurante équipe de Balagan, le « joyeux bordel » proche des Tuileries, et du diabolique Shabour, bacchanale festive de la même rue Saint-Sauveur. Assaf Granit, Dan Yosha et Uri Navon y ont inventé ce nouveau lieu, un peu sur le modèle de son voisin, c'est-à-dire violemment méditerranéen, rigolard, très inventif et basé sur cet esprit de partage et de rencontre qui a déjà séduit tout le quartier. Une apparente spontanéité de chaque instant, avec des cuisiniers qui s'agitent, qui pétrissent, qui modèlent une glaise jaillissante et étonnante, pour un résultat toujours séduisant.

On commence par partager la couronne à l'huile d'olive de Jérusalem ou la galette druze avant de tout poser sur la table : la « brûlée de Cécile » (Cécile Lévy, la cheffe), crème de topinambour et céleri-rave, le fatayer épinard tomme crème de sésame noir, le bien relevé « rouleau d'hiver » inspiration turco-levantine mahluta et aïoli shifka ou l'original « choriso » au chocolat noir freekez et mousse d'artichaut... On se laisse vite griser à vouloir tout goûter et la soirée se transforme en expérience que personne n'a réellement envie de raccourcir...

Tekés — 12,5/20

4 bis, rue Saint-Sauveur – 75002 Paris

INTERMÉDIAIRE

Couronne à l'huile d'olive

POUR 1 PIÈCE

Préparation : 30 min
Cuisson : 25 min
Repos : 3 h

40 g de levure fraîche de boulanger
240 g de sucre roux
2 kg de farine
36 cl d'huile d'olive
54 g de sel

1 – Préparez la pâte : commencez par mixer 33 cl d'eau, la levure et le sucre roux pendant 5 min dans un robot pâtissier. Ajoutez la farine dans le robot, pétrissez. Dès que vous obtenez une pâte homogène, ajoutez l'huile d'olive et le sel, mélangez encore pendant 5 min, jusqu'à ce que la pâte soit lisse.

2 – Débarrassez la pâte dans un cul-de-poule et laissez reposer 2 h à température ambiante (ou une nuit au réfrigérateur).

3 – Dans un plat ou sur une plaque de cuisson, formez des boules de 45 g – il est très important de laisser un espace de 1 cm entre chaque boule. Laissez reposer pendant 1 h.

4 – Enfournez dans un four à 180 °C et laissez cuire 25 min. Lorsque le pain est bien doré, recouvrez d'huile d'olive et de gros sel à l'aide d'un pinceau, puis servez tiède.

ASSAF GRANIT

Raphaël
Marion

RAPHAËL GRIMA & MARION LUQUE-BOUVIER

Un joli cadeau pour toute la Côte d'Azur, cette table d'arrière-pays. Au cours de son parcours, Raphaël Grima a su faire les bons choix. Apprenti au début des années 2010, il est passé chez deux MOF, Gérard Besson, puis Roland Durand au Passiflore, avant d'entrer chez Michel Rostang. Ses connaissances en matière de cuisine bourgeoise moderne s'étoffent ensuite chez Taillevent, au 110, puis à son équivalent londonien, où il prend le poste de chef durant trois ans. Il y créera son plat fétiche, le risotto d'épeautre (*« spelt »*, en anglais) au homard, qui lui vaudra un premier prix au Taste of London en 2017, et une idée pour son enseigne azuréenne.

Marion Luque-Bouvier, qu'il a rencontrée à Londres, a également bénéficié d'une formation de choix en pâtisserie : Camille Lesecq, qui fut le pâtissier du Meurice, Nina Métayer, Cédric Grolet... On comprend que ce tandem de choc accumule les talents et que ce Spelt multiplie les étincelles, dans une salle accueillante, bien animée par Maxime, ami de toujours et complément indispensable à la réussite de l'établissement. Rien d'étonnant à ce que cette maison cachée à une grosse demi-heure de Nice soit très convoitée et que la réservation y soit devenue incontournable.

Spelt — 14/20
6, Grand-Rue – 06140 Tourrettes-sur-Loup

FACILE

Risotto d'épeautre au homard

POUR 4 PERSONNES

Préparation : 50 min
Cuisson : 1 h 50

Bisque
2 homards européens
1 oignon
2 carottes
20 g de concentré de tomates
5 cl de cognac
50 cl de crème 30%
50 g de beurre

Risotto
280 g de petit épeautre
Bouillon de légumes
50 g de beurre
100 g de parmesan
50 g de cébette
20 g de mascarpone
Sel et poivre

1 – Préparez la bisque : faites cuire les homards au four vapeur (ou dans une nage ou court-bouillon) 4 min à 75 °C. Décortiquez les homards. Dans une cocotte, faites rôtir les têtes et les carcasses des homards jusqu'à obtenir une belle coloration. Ajoutez l'oignon, les carottes, le concentré de tomates et faites cuire pendant 2 min. Déglacez et flambez avec le cognac. Mouillez à l'eau à hauteur et faites cuire 20 min après ébullition. Passez au chinois et faites réduire jusqu'à obtenir un jus très concentré. Ajoutez la crème et le beurre.

2 – Préparez le risotto : faites cuire l'épeautre dans un bouillon de légumes pendant 45 min. Dans un sautoir, faites cuire l'épeautre avec la moitié de la bisque, le beurre, le parmesan, la cébette et le mascarpone jusqu'à l'obtention d'un risotto crémeux. Assaisonnez avec du sel et poivre.

3 – Dressage : faites rôtir les queues et les pinces de homard dans un sautoir avec un peu de beurre. Disposez le risotto dans une assiette creuse et placez le homard dessus. Émulsionnez la bisque restante à l'aide d'un mixeur plongeant et versez-la sur le risotto.

RAPHAËL GRIMA

Clémence Ringard

Gérald Guille

GÉRALD GUILLE & CLÉMENCE RINGARD

Coup d'essai, coup de maîtres. Quelques mois après avoir repris le Rozó de Diego Delbecq et Camille Pailleau, Gérald Guille et la pâtissière Clémence Ringard étaient récompensés lors du Gault&Millau Tour dans les Hauts-de-France de l'automne 2021. Gérald comme Jeune Talent, Clémence empochant le trophée Pâtissier. Une réussite qui s'exprime aussi dans la fréquentation de cette table au cœur du quartier bouillonnant de la place du Concert et de la rue de la Monnaie ; les enseignes sont à touche-touche, la nouvelle vague lilloise est en force, et la Pureté – celle des origines, celle des cuisines, celle des sentiments – gagne du terrain.

Après être passé au Ritz (avec Michel Roth) et chez Marc Meurin, Gérald Guille, natif d'Étaples, a connu dix belles années auprès de William Elliott. Quant à Clémence Ringard, après Éclair de Génie (chez Christophe Adam) et Thoumieux (auprès de Sylvestre Wahid), elle a embelli la pâtisserie au Cerisier.

Une fusion sans confusion, un même esprit du pur produit, du local qui se met en avant en respectant le naturel pour chercher la quintessence. La démarche est la même pour le chef dans des compositions qui touchent au cœur, comme la pâtissière qui invente du sucre sans sucre (rhubarbe betterave hydromel, par exemple) avec la même subtilité.

Pureté — 14/20
79, rue de la Monnaie – 59800 Lille

FACILE

Maquereau, petits pois & sarrasin

POUR 4 PERSONNES

Préparation : 25 min
Cuisson : 30 min
Repos : 1 heure

2 beaux maquereaux
400 g de petits pois
1 barquette de pousses de pois
1 poignée de sarrasin
Quelques salicornes
Gros sel
Vinaigre balsamique blanc
Huile d'olive
Sel et poivre

1 – Levez les filets de maquereau, désarêtez-les (ou faites-le faire par votre poissonnier), disposez du gros sel côté chair, réservez au frigo 1 heure. Ensuite, retirez le gros sel, rincez les filets à l'eau claire et séchez-les.

2 – Sur les 400 g de petits pois, faites-en blanchir 100 g dans l'eau bouillante salée, ils doivent être à peine cuits et rester croquants. Faites-les rafraîchir dans l'eau glacée et réservez-les.

3 – Faites blanchir les 300 g restants (ils doivent être bien cuits), les rafraîchir dans l'eau glacée, puis mixez-les à l'aide d'un blender avec un peu d'eau glacée et d'huile d'olive, pour obtenir une texture gaspacho.

4 – Passez cette préparation à la passette, assaisonnez de sel et poivre et d'un trait de vinaigre balsamique blanc. Réservez au frais.

5 – Chauffez une poêle (il faut qu'elle soit fumante) et ajoutez la poignée de sarrasin, remuez afin que le sarrasin éclate. Réservez. Tailler en deux les filets de maquereau afin de récupérer 4 morceaux identiques. À l'aide d'un chalumeau, grillez le poisson côté peau. Assaisonnez les petits pois croquants avec l'huile d'olive, salez et poivrez.

6 – Dressage : disposez les petits pois croquants dans le fond d'une assiette creuse, ajoutez le filet de maquereau, mettez le sarrasin croustillant sur la peau du maquereau. Décorez avec quelques pousses de pois et quelques salicornes. Arrosez l'assiette avec un filet d'huile d'olive. Enfin, versez le gaspacho de petits pois autour du maquereau.

GÉRALD GUILLE

ALEXIS GUILLON & CHARLOTTE TROI

La création d'un restaurant n'a de sens et de valeur que si elle est inédite. Si vous voulez copier sans vous fatiguer, ouvrez une crêperie ! Voilà en quelque sorte la réflexion de Charlotte Troi et Alexis Guillon, qui se sont lancés dans l'aventure au printemps 2021, avec la Dotation Gault&Millau en parrainage.

La tête bien faite et sur les épaules, Charlotte et Alexis ont admirablement défini leur projet. Proche de la vieille ville, leur Opaline rochelaise se montre d'emblée singulière. Un cadre contemporain doux et naturel, l'accueil de Charlotte Troi, la cuisine déjà très personnelle d'Alexis Guillon. Les deux jeunes gens s'entendent parfaitement sur le sens qu'ils veulent donner à leurs assiettes. Et pour cause, ils se sont connus chez Alexandre Mazzia, une école idéale pour ne jamais faire comme tout le monde. Alexis a fourbi ses couteaux chez Jean-Luc Tartarin, Guy Savoy et Éric Frechon, tandis que Charlotte larguait ses études de droit pour les cuisines de Thierry Marx.

Le végétal en fil conducteur, le poisson et les produits de la mer en pêche et cueillette responsables, rien de ce qui concerne l'environnement ne leur échappe. Cela leur permet de tisser des liens durables avec leurs exploitants. Ils ont même poussé l'immersion, travaillant comme ouvriers agricoles plusieurs mois afin de tout connaître de la chaîne gastronomique. Le résultat, après quelques semaines, dessine déjà une ligne et un trajet passionnants.

Opaline — 12/20
20, rue Rambaud – 17000 La Rochelle

INTERMÉDIAIRE

Crémeux au chocolat, tuile cacao, poudre d'olive & huile d'olive fruitée noire

POUR 4 PERSONNES

Préparation : 35 min
Cuisson : 55 min
Repos : 24 h

Tuile cacao
75 g de beurre pommade
100 g de sucre glace
100 g de farine
60 g de cacao en poudre
6 blancs d'œuf

Crémeux au chocolat
25 cl de lait
250 g de crème
5 jaunes d'œuf
50 g de sucre
200 g de chocolat noir

150 g d'olives noires
Huile d'olive fruitée noire
Fleur de sel
Sel

1 – La veille, réalisez la pâte à tuile cacao : mélangez le sucre glace et le beurre pommade, ajoutez progressivement la farine et le cacao tamisé. Une fois cette pâte réalisée, ajoutez les blancs d'œuf et mélangez petit à petit sans émulsionner l'appareil. Réservez au froid.

2 – Le jour J, réalisez le crémeux au chocolat : faites tiédir le lait et la crème ensemble dans une casserole. Battez les jaunes d'œuf avec le sucre jusqu'à ce que le mélange blanchisse et versez-le dans le mélange lait et crème tiédi, puis émulsionnez. Faites cuire le mélange dans la casserole comme une crème anglaise sans dépasser 84 °C. Versez ce mélange sur le chocolat en morceaux et mélangez. Mettez au froid jusqu'au moment du dressage.

3 – Préparez la tuile cacao : étalez finement sur une plaque recouverte de papier sulfurisé la pâte à tuile cacao. Préchauffez le four à 150 °C (th. 5) et laissez cuire pendant 10 min. Une fois cuit, laissez refroidir sur la plaque.

4 – Réalisez la poudre d'olive : mettez les olives noires dans un récipient au four à 180 °C (th. 6) pendant 30 min. Une fois torréfiées et refroidies, débarrassez et mixez-les. Cela doit faire une poudre fine noire.

5 – Dressage : faites 2 quenelles de crémeux au chocolat, ajoutez dessus la poudre d'olive, quelques grains de fleurs de sel, un trait d'huile d'olive. Cassez la tuile et répartissez les morceaux.

ALEXIS GUILLON
& CHARLOTTE TROI

JEREMY HARDY

Blackeys, comme les « *black keys* », ces clés noires que l'on transmet pour ouvrir les bonnes portes, celles du partage. D'abord graphiste et illustrateur, Jeremy Hardy a voulu communiquer sa créativité et sa sensibilité à travers un autre vecteur. Il ne regrette pas le tournant pris vers la cuisine, il y a une douzaine d'années.

Le projet d'avoir son propre restaurant s'est concrétisé il y a peu, mais il a été longuement mûri. Un lieu singulier qui entre dans la modernité, en plein cœur de la ville, dans la bouillonnante rue Saint-Firmin. Un endroit qui lui ressemble, ouvert et un peu mystérieux, où circulent les bonnes ondes. Celles du goût authentique, des textures élaborées, des associations audacieuses, dans un décor lui aussi très personnel, où le chef a mêlé ses souvenirs de voyages, mais aussi ses passions et ses émotions.

Son travail en cuisine est aussi approfondi sur l'esthétique, le graphisme, bien sûr, né de ses expériences passées, la couleur autant que la saveur. Dans le cannelloni végétal, avec son crémeux de maïs à l'ail noir, ou sur la lotte sauvage, translucide au cœur, le vert franc du pesto verde et le mariage des légumes du moment. Des sucrés salés intéressants, des produits issus de filières courtes, le bio et le bon privilégiés, voilà les clés du succès pour cette table en vue.

Blackeys — 11,5/20

17, rue Saint-Firmin – 34000 Montpellier

INTERMÉDIAIRE

Tartare de veau, jaune d'œuf confit, fondant de pomme de terre & tapenade

POUR 6 PERSONNES

Préparation : 1 h
Cuisson : 5 h
Repos : 1 h

Tartare de veau au couteau

300 g de quasi de veau d'Aveyron et du Ségala Label rouge
Huile d'olive de Lucques
30 g de pignons de pin
2 petites échalotes
30 g de cantal AOP
Basilic frais
Fleur de sel de Camargue
Poivre du moulin

Jaune d'œuf fermier confit

6 œufs fermiers
Huile d'olive ou de pépins de raisin

Fondant de pomme de terre

500 g de pommes de terre Agatha
115 g de beurre fondu
65 g de fécule de pomme de terre
Sel

Tapenade

60 g d'olives noires de Lucques
4 filets d'anchois marinés
½ gousse d'ail
Huile d'olive de Lucques
2 citrons verts

1 – La veille, réalisez le fondant de pommes de terre : pelez les pommes de terre, puis taillez-les en lamelles fines à l'aide d'une mandoline. En parallèle, faites fondre le beurre, ajoutez la fécule de pomme de terre, mélangez au fouet. Versez ce mélange sur les pommes de terre taillées, salez. Chemisez un plat allant au four (environ 10 x 20 cm), puis disposez-y les lamelles les unes sur les autres en les enchevêtrant. Recouvrez d'un papier sulfurisé bien au contact, puis disposez un poids dessus. Enfournez dans un four à 140 °C (th. 4-5) pour 3 h 30. Laissez refroidir à température ambiante environ 1 h. Réservez au frais toute une nuit en remettant un poids dessus afin de bien compacter les pommes de terre. Le lendemain, démoulez et taillez-les. Au moment de servir, mettez-les à marquer dans une poêle avec un peu de matière grasse, afin de les dorer.

2 – Préparez le tartare de veau au couteau : taillez le quasi de veau au couteau en cubes de 3 mm. Faites torréfier les pignons au four à 160 °C (th. 5-6) pendant 8 min. Ciselez finement les échalotes, puis le basilic. Taillez le cantal à l'aide d'un économe. Dans un saladier, assemblez les éléments dans l'ordre : le veau taillé en cubes, la fleur de sel et le poivre, l'huile d'olive, les échalotes, les pignons, le basilic et enfin le cantal.

3 – Jaune d'œuf fermier confit : disposez les jaunes d'œuf dans des récipients individuels et conservez les blancs pour un usage ultérieur. Recouvrez les jaunes d'huile d'olive ou de pépins de raisin afin de les immerger complètement. Enfournez-les dans un

JEREMY HARDY

Crémeux d'oignons
6 oignons doux des Cévennes
40 g de beurre doux
40 g de mascarpone
Sel

Verdurette de saison
12 asperges vertes de pays
120 g de petits pois frais écossés
Jeunes pousses du marché
Huile d'olive de Lucques
Fleur de sel de Camargue
Poivre du moulin

four à 165 °C (th. 5-6) pendant 1 h 10. Débarrassez-les sur un papier absorbant quelques instants, puis sur un papier sulfurisé légèrement huilé.

4 – Tapenade d'olives noires de Lucques : mixez l'ensemble des ingrédients sauf les citrons verts. Rectifiez l'assaisonnement, puis zestez les citrons dans l'appareil.

5 – Crémeux d'oignons doux des Cévennes : émincez les oignons, faites-les suer avec le beurre doux dans une grande casserole à petit feu jusqu'à évaporation du jus de végétation, salez la surface. Mixez le tout en y ajoutant le mascarpone. Réserver au frais.

6 – Verdurette de saison : faites cuire à l'anglaise* les différents légumes verts en les débarrassant soigneusement dans une eau glacée. Égouttez-les sur un papier absorbant. Marquez à la poêle les asperges afin de les faire griller légèrement, assaisonnez les petits pois avec un filet d'huile d'olive et quelques zestes de citron vert. Prélevez quelques jeunes pousses de basilic, de coriandre ou autres pour le dressage.

JULIEN & MAGALIE HERMIDA

On revient toujours à Perpignan : Salvador Dalí voyait sa gare comme le centre du monde ; Julien Hermida est de retour au pays avec son épouse Magalie. Un beau parcours depuis le lycée hôtelier de Perpignan. Julien a beaucoup voyagé et appris, en particulier chez Mr & Mrs Bund, la brasserie très moderne du grand Paul Pairet, à Shanghai, où il a passé huit années avant ce come-back en terre catalane. Magalie a également connu de riches expériences dans la mégapole chinoise au sein de l'établissement de Nicolas Le Bec.

Le couple a déniché une jolie maison propice à une table de caractère, l'ancien mess des officiers, au pied du Castillet. C'est désormais « Le Mess » de Magalie et Julien, et un renouveau pour la gastronomie locale. Car le chef est plein d'idées. Sa cuisine s'inspire autant de son terroir que de ses voyages, et il mixe comme un savant DJ tous les genres, passant du menuet au hip-hop, de la campagne à la ville et de l'ordinaire magnifié au super décomplexé avec une aisance réjouissante.

À chaque service, et jusqu'au brunch du dimanche, on se fait plaisir selon son goût du moment avec la simplicité des « crus » (le tartare de bœuf au kimchi, le ceviche de loup), des salades, du pâté en croûte ou du bellota, des coquillettes aux truffes ou du velouté de crustacés, ou encore de plats plus construits, comme le loup sauce bouillabaisse ou l'épaule d'agneau de 7 heures.

Le Mess — 12,5/20

Rue des Fabriques-d'en-Nabot – 66000 Perpignan

EXPERT

Tartare d'agneau
El Xaï à la coréenne

POUR 4 PERSONNES

Préparation : 4 h
Cuisson : 10 min
Repos : 18 jours

Tartare

320 g de filet d'agneau catalan El Xaï
8 ml d'un mélange à 50% d'huile d'olive et d'huile de sésame
160 g de kimchi haché
12 g de coriandre ciselée
12 g de ciboulette ciselée
40 g d'échalotes émincées
8 croûtons de pain cuits au beurre
80 g de crème de soja
Basilic frais
Graines de sésame dorées
Fleur de sel

Chips d'ail

4 gousses d'ail
Huile végétale

Chips d'échalotes

4 échalotes
Huile végétale

Kimchi

1 kg de chou salé
100 g de coriandre hachée
400 g d'oignons émincés (soit 4 oignons)
350 g d'un mix d'épices à kimchi

1 – 18 jours avant, préparez le kimchi : détaillez le chou en lanières de 2 x 5 cm, salez avec 100 g de sel (10%). Laissez reposer 2 h, puis lavez, égouttez et pressez-le.
– Mélangez le chou salé avec la coriandre, les oignons et les épices. Pressez afin de recouvrir le chou de son eau de végétation et mettez le chou en conserve. Laissez fermenter à température ambiante, couvercle desserré pendant 3 jours. Fermez le pot et placez-le au réfrigérateur. Attendre 15 jours avant la première utilisation.

2 – Le jour J, préparez les chips d'ail et d'échalotes : émincez à la mandoline japonaise les gousses d'ail et les échalotes en lamelles d'une épaisseur de 1 à 2 mm. Plongez-les dans une casserole d'eau froide et portez à ébullition. Égouttez et séchez sur un linge. Plongez les chips dans une casserole d'huile végétale froide. Montez en température jusqu'à obtenir une coloration blonde. Débarrassez sur un papier absorbant.

3 – Préparez la crème de soja : mélangez tous les ingrédients, ajoutez le jus de citron en dernier.

4 – Préparez le tartare d'agneau : détaillez le filet en brunoise. Ajoutez le reste des ingrédients sauf la crème de soja et les croûtons.

5 – Dressage : placez délicatement le mélange dans les bols. Ajoutez les croûtons et une cuillerée de crème de soja sur le dessus.

JULIEN HERMIDA

Crème de soja
100 g de crème fraîche de soja
1 cl sauce Kikkoman
5 ml de jus de citron
5 ml d'huile d'olive
Sel, citron et poivre noir

Astuce du chef :

« Vous pouvez réaliser votre propre mix d'épices à kimchi en mélangeant 200 g de chili garlic sauce Lee Kum Kee, 15 g de purée d'ail, 50 g de purée de gingembre, 50 g de purée de citronnelle, 50 g de nuoc-mâm, et laissez macérer 15 jours. Vous pouvez aussi l'acheter tout prêt. »

LÉOPOLD IMBERT & HIPPOLYTE TALAYA

Il va falloir s'y habituer, mais la génération Z est en train de prendre le pouvoir. *Bye bye* Y, ses tatouages et ses iPod, bonjour Léopold et Hippolyte, qui ouvrent la fenêtre sur les embruns en plein 16e, rue Jean-de-La-Fontaine.

Léopold Imbert, le frère de Jean, et Hippolyte Talaya se sont rencontrés, non pas dans le bac à sable, mais à Sables-d'Or-les-Pins, pendant les vacances en famille, d'où l'enseigne de cette nouvelle table qui vient remplacer le précédent bistrot revival de Jean Imbert, Mamie.

Sables, c'est une aventure marine qui démarre bien, avec tous les codes d'un bar de plage dans la déco, franchement réussie, le petit comptoir, la grande tablée familiale au centre, quelques unités en fond de salle à côté de la cuisine.

Les deux potes ont embarqué un troisième moussaillon, Florian Giacalone, venu justement de chez Jean Imbert, qui dresse un aimable catalogue de tapas de la mer, avec précision et bon goût, palourdes gratinées, couteaux plancha, fish and chips, risotto de légumes et langoustines...

L'équipage est bien sur le pont, l'atmosphère plus proche de la course de hors-bord que de *La croisière s'amuse*, ça frétille, ça bouge, et chacun à sa place est comme un poisson dans l'eau, propulsé par des courants favorables.

Sables — 12,5/20
35 bis, rue Jean-de-La-Fontaine – 75016 Paris

FACILE

Couteaux à la plancha, sauce vierge

POUR 4 PERSONNES

Préparation : 20 min
Cuisson : 10 min

1 kg de couteaux
1 botte de ciboulette
Huile d'olive

Sauce vierge
250 g de pignons de pin
1 kg de tomates grappes françaises
3 bottes de basilic frais
3 citrons confits
150 g d'olives de Kalamata
Huile d'olive
Sel et poivre

1 – Préparez la sauce vierge : torréfiez les pignons de pin. Dans le même temps, épépinez et taillez les tomates et les citrons en brunoise. Ciselez le basilic avant de tout rassembler dans un récipient. Rajoutez les olives taillées et l'huile d'olive.

2 – Préparez les couteaux : sur la plancha à feu vif, ajoutez l'huile d'olive et les couteaux jusqu'à coloration. Une fois celle-ci atteinte, versez une partie de la sauce vierge, puis retirez du feu.

3 – Dressage : répartissez les couteaux dans les assiettes et ajoutez le reste de la sauce vierge et la ciboulette. Dégustez chaud.

LÉOPOLD IMBERT
& HIPPOLYTE TALAYA

ROMAIN JOUIN

Ciéutat est l'ancien nom de La Ciotat, charmant port mondialement célèbre pour avoir figuré dans le premier film de cinéma des frères Lumière montrant l'arrivée d'un train. C'est aussi aujourd'hui une petite station balnéaire dynamique, entre Cassis et Bandol, et premier regard vers la Méditerranée pour tous les vacanciers qui traversent la France pour gagner la Côte d'Azur par l'A50.

Au centre de l'activité, ce bistrot vivant et animé a remplacé L'Office'In, confortant cette adresse dans sa simplicité régionale et marine. La terrasse donne sur le port, en surplomb du quai. Romain Jouin, l'actuel chef de l'établissement, confirme la tendance, avec une carte qui sent bon la Provence, affichant régulièrement l'emblématique loup sur son menu, jouant autant de la sobriété que du régionalisme. Avec les poireaux vinaigrette qui accompagnent le pâté de tête maison ou la pintade du Luberon, avec son risotto d'épeautre, ce qui n'empêche pas de fignoler et d'apporter à bon escient le geste expert du cuisinier : sur un soufflé de poisson aux herbes et vinaigrette d'agrumes, par exemple, ou le fameux loup en filet à l'encre de seiche et son duo de chou rouge et romanesco riz noir à la sauge.

Bistrot Ciéutat — 12,5/20

18, rue des Combattants – 13600 La Ciotat

INTERMÉDIAIRE

Ceviche de dorade
panache d'agrumes & chips de perles du Japon

POUR 4 PERSONNES

Préparation : 1 h
Cuisson : 2 h 10
Repos : 2 h

4 filets (2 dorades entières)
100 g de perles du Japon
Huile

Marinade
1 piment oiseau
Zestes de 1 orange, 1 pamplemousse et 2 citrons verts
1 pincée de piment d'Espelette
Huile d'olive
Sel

Panache d'agrumes
Jus de ½ citron jaune, 1 pamplemousse, 1 citron vert et 1 orange
½ piment oiseau
½ oignon rouge
1 pincée de sucre (3 g)
1 pincée de sel (3 g)
5 cl d'huile d'olive

Guacamole
2 avocats mûrs
Le jus d'1 citron jaune
20 g d'estragon frais
2 cl d'huile d'olive
Sel

Finition
1 suprême de pamplemousse
1 suprême de citron vert
1 suprême d'orange

1 – Préparez les filets de dorade royale : si vous achetez les dorades entières, lavez, écaillez, levez les filets, désarêtez, sinon demandez à votre poissonnier. Taillez les filets sans peau en cubes réguliers d'environ 1 cm. Réservez.

2 – Réalisez la marinade : salez généreusement les filets. Ôtez les pépins du piment et hachez-le finement. Ajoutez-le aux filets avec les autres ingrédients et l'huile de façon à enrober les cubes de dorade. Réserver au frais.

3 – Préparez le panache d'agrumes : mettez tous les ingrédients dans un récipient et mixez avec 10 cl d'eau jusqu'à obtenir la texture souhaitée. Passez à la passette pour un panache parfait, puis réservez.

4 – Réalisez le guacamole : mixez les avocats avec l'estragon, le jus de citron, l'huile d'olive et le sel jusqu'à l'obtention de la texture souhaitée. Rectifiez l'assaisonnement si besoin. Pour conserver la couleur verte de l'avocat, laissez les noyaux d'avocat dans le guacamole.

5 – Préparez les chips de perles du Japon : faites cuire les perles du Japon dans l'eau frémissante non salée 10 min environ tout en remuant. Sortez-les et égouttez-les lorsque le cœur des perles est encore blanc. Étalez-les immédiatement entre 2 papiers sulfurisés, puis faites-les sécher au four pendant environ 2 h à 80 °C (th. 2-3) pour obtenir des chips. Dès qu'elles deviennent croustillantes, elles sont prêtes. Faites chauffer de l'huile dans une grande poêle ou une friteuse et mettez délicatement les

ROMAIN JOUIN

perles de Japon sèches, elles commenceront à souffler. Une fois toutes les billes soufflées (10 secondes), sortez-les et déposez-les sur du papier absorbant.

6 - Finition : taillez joliment les suprêmes. Coupez les morceaux de chips de perles du Japon, assaisonnez-les avec du sel et les zestes de fruits.

7 - Dressage : dans une assiette creuse, versez le panache d'agrumes et déposez délicatement, au centre, les cubes de dorade. Dressez les suprêmes sur le poisson (1 morceau de chaque). Disposez selon l'envie le guacamole à la poche ou en quenelle sur le ceviche (5 à 6 points suffisent). Terminez par les chips de perles du Japon. Bonne dégustation !

MENU
HORAIRES
Mardi au Samedi
RESERVATIONS
04 72 00 03 02

CARLA KIRSCH

Lyon, ville ouverte... sur le monde, sait visiblement accueillir les talents. Si l'on ne compte plus les tables asiatiques ou italiennes, il a fallu attendre l'avènement de Carlos Camino au Miraflores pour goûter une haute cuisine d'outre-Atlantique. Après le Pérou, voici donc le Mexique qui s'invite dans la cuisine métissée, fusionnante de Carla Kirsch. Comme Tabata Mey, la cheffe brésilienne des Apothicaires, Carla Kirsch s'est d'abord formée à l'Institut Paul Bocuse, où elle a appris tous les fondamentaux de la cuisine française. Forte de cet apprentissage, elle démarre avec Florent Poulard l'aventure de Monsieur P, rue Royale.

Brûlant les étapes, Carla Kirsch déniche en 2020, à la Croix-Rousse, un local avec son compagnon, sollicitant au passage la Dotation Gault&Millau pour les Jeunes Talents, qu'elle obtient dès le premier examen du jury. L'aventure d'Alebrije commence et, malgré toutes les difficultés liées à la pandémie, se trouve finalement bien lancée. Le public lyonnais, curieux et connaisseur, fait le chemin pour découvrir que la cuisine mexicaine ne se limite pas aux tacos, nachos et autres empanadas. Alebrije, ce sont ces sculptures artisanales au Mexique représentant des animaux fantastiques et, bien entendu, symboliques. Un nom de baptême qui correspond parfaitement à cette cheffe qui mixe si bien les cultures, affirmant avec fierté ses racines, en les faisant vivre et évoluer.

Alebrije — 12/20

1, rue Justin-Godart – 69004 Lyon

FACILE

Tourteau au piment jalapeño, pomme granny smith & radis

POUR 4 PERSONNES

Préparation : 45 min

Émietté de tourteau

400 g de chair de tourteau ou de crabe frais ou en conserve

1 pomme granny smith

1 piment jalapeño frais (ou un piment oiseau vert)

1 échalote ciselée

Ciboulette fraîche ciselée

Aneth frais ciselé

1 citron vert

Huile d'olive

Sel et poivre

Vinaigrette à la pomme

25 cl de jus de pomme verte non filtré

10 cl d'huile d'olive

½ botte de coriandre

2 citrons verts

Crème d'avocat

2 avocats mûrs

2 citrons verts

Dressage

1 radis noir ou green meat ou pink

Huile d'olive

Herbes aromatiques de votre choix (ou micropousses)

Fleur de sel

1 – Préparez l'émietté de tourteau : dans un saladier, mélangez le crabe bien égoutté, les dés de pomme, le piment taillé finement, les herbes et l'échalote. Assaisonnez avec le zeste et jus des citrons, salez, poivrez et liez avec l'huile d'olive. Réservez au frais.

2 – Préparez la vinaigrette à la pomme : dans le verre du blender, mixez le jus de pomme, le jus de citron, la coriandre, salez, poivrez. Ajoutez l'huile progressivement, pour obtenir une bonne émulsion. Rectifiez l'assaisonnement et réservez au frais.

3 – Préparez la crème d'avocat : prélevez la pulpe des avocats et déposez-la dans le bol du blender. Ajoutez le jus de citron, salez et poivrez. Mixez jusqu'à obtenir une crème bien lisse et onctueuse. Mettez cette crème dans une poche à douille.

4 – Dressage et finition : dans une assiette creuse, à l'aide d'un cercle ou d'un emporte-pièce, disposez un disque de crabe. Versez un peu de la vinaigrette autour. À l'aide de la poche à douille, dressez des points de crème d'avocat par-dessus le crabe. Terminez avec quelques lamelles de radis coupées très finement, assaisonnées d'huile d'olive et d'une pincée de fleur de sel, ainsi que les herbes aromatiques de votre choix (ou micropousses).

CARLA KIRSCH

Maximilien Kuzniar

MAXIMILIEN KUZNIAR

La mano, c'est quand on fait soi-même, « à la mano », qu'on se débrouille, en général avec courage et opiniâtreté. C'est tout Maximilien Kuzniar, jeune lauréat de la Dotation Gault&Millau, qui a pu ouvrir son restaurant l'an passé, après avoir fait ses classes chez Jérôme Banctel, à La Réserve, Jean Imbert, à L'Acajou, et Juan Arbelaez, à la proche Plantxa de Boulogne, où il a bien retenu les leçons, de communication notamment.

Son restaurant est une invitation vers cette modernité rassembleuse d'une cuisine ludique et métissée qui franchit les océans, traverse les campagnes, gambade dans les champs et varie les plaisirs. Tout en se montrant parfaitement rigoureux sur les provenances, de la pêche pour ses ceviches et carpaccio de saint-jacques ou des élevages pour le paleron ou le gigot d'agneau.

Des assiettes malignes en version tapas jusqu'aux bons desserts de cuisinier, Maximilien Kuzniar semble inspiré par un esprit street food revu en mode « restaurant assis » qui convient à une nouvelle génération. Avec son complice et associé Enrique Solano, rencontré chez Juan Arbelaez et qui gère la salle en toute décontraction, tout se fait « la mano en la mano » dans la complicité et la bienveillance, qui se communiquent aux aficionados déjà nombreux.

Mano — 12,5/20
46, rue de l'Ancienne-Mairie
92100 Boulogne-Billancourt

INTERMÉDIAIRE

Tartare de veau, artichauts vinaigre de xérès & noisettes

POUR 4 PERSONNES

Préparation : 40 min
Cuisson : 35 min
Repos : 12 heures

375 g de quasi de veau taillé en cubes de 0,5 cm
100 g de noisettes du Piémont concassées

Gel de xérès
15 cl de vinaigre de xérès
4,5 g d'agar-agar

Vinaigrette pour le veau
2 œufs mollets
1 jaune d'œuf
2,5 cl de vinaigre de xérès
36 cl d'huile de noisette
10 cl d'eau
Sel et poivre

Purée d'artichaut
3 artichauts camus
1 citron (jus)
Sel

Artichaut en saumure
1 artichaut camus
45 cl d'eau
14 g de sel

Salicornes
30 g de salicornes
Sel

1 – Préparez le gel de xérès : faites bouillir le vinaigre. Ajoutez l'agar-agar. Continuez l'ébullition pendant 1 min. Réservez au froid une nuit, c'est très important. Mixez la préparation solide, qui va devenir liquide. Mettez dans une poche à pâtisserie et réservez.

2 – Préparez la vinaigrette pour le veau : mixez tous les ingrédients, sauf l'huile de noisette. Une fois une texture lisse obtenue, montez la vinaigrette à l'huile de noisette. Assaisonnez si besoin. Réservez.

3 – Préparez la purée d'artichaut : récupérez les cœurs d'artichaut ou achetez des cœurs surgelés. Faites-les cuire dans une casserole d'eau bouillante avec le jus de citron et du sel jusqu'à ce que les artichauts soient fondants, puis mixez-les. Passez la purée au tamis pour qu'elle soit lisse. Assaisonnez et laissez refroidir, puis mettez dans une poche à pâtisserie.

4 – Préparez l'artichaut en saumure : faites bouillir l'eau et le sel. Tournez* l'artichaut. Coupez le cœur en lamelles de 1 mm maximum à la mandoline. Versez dessus l'eau bouillante salée. Réservez.

5 – Préparez les salicornes : faites blanchir les salicornes 1 min dans de l'eau salée. Faites-les refroidir dans de l'eau froide pour stopper la cuisson.

6 – Dressage : mélangez le veau avec la vinaigrette à la noisette, salez et poivrez. Utilisez un emporte-pièce de 10 cm pour dresser le tartare. Faites des points de purée et de gel de xérès autour. Disposez des noisettes concassées pour donner du croquant. Déposez les lamelles d'artichaut en saumure et les salicornes.

MAXIMILIEN KUZNIAR

Luna

EVA LACOMME & MICAEL TANAVON

Tout le monde aimait bien L'Air de Famille, tout au bout du long cours de Verdun, du côté des Chartrons. On aimait justement cette dimension simple d'un « comme chez soi » où ne manquaient que les pantoufles et le rond de serviette. Luna, c'est bien autre chose, et pourtant, dans cette petite rue cachée, les habitudes de quartier sont vite revenues. La déco a été entièrement rafraîchie, apportant des notes charmantes, aux objets choisis évoquant la gastronomie, bocaux, livres de cuisine, dame-jeanne… Eva Lacomme, en salle, se charge de l'animation, avec bienveillance et empathie, redonnant âme et chaleur à cette adresse de voisins.

Micael Tanavon a donc quitté la région parisienne et son restaurant Ribote, à Neuilly, où il détenait encore récemment une belle toque, pour une nouvelle aventure bordelaise avec Eva Lacomme. Sa cuisine, faite de surprise et de précision, vise autant la simplicité que la justesse et l'équilibre des goûts. Pas une herbe, pas un grain d'épice ou un ingrédient superfétatoire dans ces assiettes-là, gaies et gourmandes, associant fraîcheur et saisonnalité, à l'image des raviolis pecorino pistache petits pois et mulet blanc à la cuisson impeccable ou d'un cabillaud nacré, asperge blanche radis et haddock fumé.

Luna — 12,5/20

15, rue Albert-Pitres – 33000 Bordeaux

FACILE

Tomates anciennes et labneh

POUR 4 PERSONNES

Préparation : 35 min
Cuisson : 10 min
Repos : 24 h 30

Tomates et condiments
1 tomate cœur de bœuf
1 tomate noire de Crimée
1 tomate ananas
1 tomate Green Zebra
Origan séché
Huile d'olive
Olives vertes et noires dénoyautées (de Chalkidiki et Kalamata de préférence)

Eau de tomate vinaigrée
6 tomates
1 gousse d'ail
¼ d'oignon blanc
10 cl de vinaigre balsamique blanc ou de cidre
2 c. à soupe de paprika doux fumé
1 c. à café de piment d'Espelette
1 c. à soupe de fleur de sel

Labneh
250 g de yaourt grec nature

Graines de moutarde en pickles
50 g de sucre
100 g de vinaigre blanc
50 g de graines de moutarde

1 – La veille, préparez le labneh : placez un torchon dans un chinois. Versez le yaourt grec dans le torchon et laissez égoutter au frigo pendant 24 h. Récupérez le yaourt grec restant dans le torchon, ce qui vous donnera le labneh.

2 – Préparez les tomates anciennes : faites bouillir de l'eau dans une casserole. Préparez un bac d'eau glacée pour monder* les tomates. Taillez-les en 8 et réservez.

3 – Préparez l'eau de tomate vinaigrée : coupez les tomates en 4. Coupez la gousse d'ail en 2 et retirez le germe. Mélangez les tomates, l'ail, l'oignon, le paprika, le piment d'Espelette et la fleur de sel dans un cul-de-poule et laissez mariner 30 min. Mixez cette préparation au robot en y ajoutant le vinaigre. Placez un torchon dans un chinois, déposez-y la préparation, mettez au frais, et récupérez l'eau qui en sort. Réservez l'eau de tomates au frais.

4 – Préparez les graines de moutarde en pickles : dans une casserole, faites bouillir 15 cl d'eau, le vinaigre blanc et le sucre. Une fois à ébullition, ajoutez les graines de moutarde et laissez cuire 3 min. Débarrassez le tout dans un petit bocal. Laissez refroidir à température ambiante.

5 – Dressage : taillez les olives en anneau. Déposez une cuillerée de labneh au milieu d'une assiette creuse ou à rebord. Assaisonnez les tomates et placez-les autour du labneh. Déposez un anneau d'olive sur chaque tomate et une cuillerée à café de graines de moutarde. Parsemez le labneh d'origan séché. Versez l'eau de tomate vinaigrée bien fraîche dans l'assiette et terminez avec un filet d'huile d'olive.

MICAEL TANAVON

DAMIEN LAFORCE

Braque, à cause du chien Marcel ; Braque, parce que ça sonne sec et brut ; Braque, parce que la cuisine de Damien Laforce est à la fois intuitive et percutante, technique et spontanée.

Il n'avait pas encore ouvert son restaurant de la rue de la Monnaie, au cœur du Vieux-Lille, que tout le monde l'attendait déjà. Et comme disent les footballeurs en interview, il a répondu présent dès les premières semaines. Damien Laforce, c'est l'image même de cette vague lilloise qui emporte tout depuis plusieurs années, dans le sillage de Florent Ladeyn, et un peu plus loin encore de Benoît Bernard, désormais patriarche bienveillant et encourageant de cette génération gagnante.

Damien Laforce a grandi avec Florent Ladeyn au Vert Mont, puis dans la belle aventure du Sébastopol. Il a compris avec Florent toute la richesse du terroir nordiste, cette chaîne vertueuse du producteur au convive, passant par des produits naturels et sains, des recettes franches qui respectent le travail des hommes.

Tout ce bagage donne Braque, un lieu pas comme les autres animé par une équipe enthousiaste, entraînée par un jeune chef qui mord à belles dents dans la vie locale et partage une philosophie singulière du manger ensemble. On s'installe au comptoir ou dans la salle, on goûte la cueillette du moment, les bonnes idées du jour, la découverte de nouveaux vignerons ou de bières locales. On se laisse gagner par la chaleur, on rigole, on chante, on savoure…

Le Braque — 13,5/20
45, rue de la Monnaie – 59800 Lille

INTERMÉDIAIRE

Maigre de ligne mariné, toast et réduction de bouillabaisse

POUR 4 PERSONNES

Préparation : 1 h 20
Cuisson : 3 h 05
Repos : 25 min

1 maigre
2 kg de poissons de roche
20 cl de vinaigre (au choix)
1 botte d'échalotes nouvelles
Herbes et fleurs du jardin
Sel, poivre
60 cl d'huile de lin
10 cl d'huile de tournesol
1 pincée de safran
1 pain de mie artisan
1 c. à café de moutarde à l'ancienne
2 c. à soupe de concentré de tomates
20 cl crème liquide 35%
500 g de beurre

Garniture aromatique

1 bouquet garni
2 carottes
2 branches de céleri
1 poireau
2 oignons

1 – Le maigre : écaillez, bardez, videz, levez et désarêtez les filets ou demandez à votre poissonnier de le faire. Laissez raffermir au gros sel 10 min. Rincez et dépouillez* les filets et tranchez-les finement. Réservez au frais.

2 – La marinade : assemblez les vinaigres de votre convenance (ici, le chef a utilisé les vinaigres maison : le vinaigre de tomate brûlée, de carottes, de céleris), l'huile de lin et la moutarde. Salez et poivrez. Ciselez les échalotes nouvelles, ajoutez-les à la marinade. Faites mariner le poisson 15 min avant de servir.

3 – Le toast : utilisez un excellent pain de mie, parez les croûtes, puis taillez-le en bandes de 2 cm de haut sur 10 cm de long. Beurrez-les au beurre noisette et faites-les toaster 5 min au four à 165 °C (th. 5-6).

4 – La sauce : videz les poissons de roche, taillez-les en tronçons de 3 cm, faites-les colorer au beurre. Ajoutez le concentré de tomates, puis la garniture aromatique. Mouillez au fumet le maigre, puis laissez cuire 3 h à couvert. Passez le jus au chinois étamine et foulez*. Laissez réduire à demi-glace* jusqu'à obtenir une consistance sirupeuse. Crémez la demi-glace*, ajoutez le safran, puis montez au beurre. Rectifiez l'assaisonnement si nécessaire.

5 – Dressage : placez le poisson mariné sur le pain. Disposez les herbes et les fleurs, déposez une cuillerée de sauce dans l'assiette, puis le poisson préalablement dressé, et terminez par un trait de marinade sur le poisson.

DAMIEN LAFORCE

Daniele Lamboglia

DANIELE LAMBOGLIA

Vous l'aurez compris à l'enseigne, cette maison fait dans la farine. Mais pas n'importe laquelle : une farine idéale pour ce nouveau concept lancé par l'infatigable Antoine Crespo, avec l'aide de ses lieutenants, Joackim Salliot – que l'on a connu au Jardin des Plumes, à Giverny, puis à Nice depuis quelques années – et Daniele Lamboglia, artilleur en chef pour faire feu de tout bois et sortir les pizzas les plus savoureuses de la ville.

Du travail de cuisinier, pour ne pas dire d'orfèvre, proposé dans un cadre très pur, avec plateaux de marbre et luminaires Art déco. Sous le vocable de « pizzas contemporaines », Daniele Lamboglia joue de tous les ingrédients à son service, sans jamais transiger sur la qualité de réalisation : la « Gourmande » est au porcelet confit, tomates Datterino mozza, chanterelles et champignons de Paris ajoutés au dernier moment, sur un jus de viande, tandis que la « Colérique » se fait en deux temps, les produits posés après cuisson, tataki de thon et crème de pommes de terre à l'estragon.

Loin de la margherita de pizzaïolo du dimanche ou du sport-étude, on se rapproche davantage de la Ligue des champions, avec des entrées et des desserts innovants et de nombreux plats savoureux, comme ce paris-brest aux gambas rôties dont nous nous léchons encore les doigts.

Type 55 — 12,5/20

1, rue de la Préfecture – 06300 Nice

INTERMÉDIAIRE

Asperges & salami épicé, blanc en neige et jaune cru comme une île flottante

POUR 8 PERSONNES

Préparation : 25 min
Cuisson : 8 min

8 gros œufs bio
700 g d'asperges vertes
30 g beurre
2 c. à soupe de crème épaisse
16 tranches de salami épicé
Sel et poivre

1 – Préparez la purée d'asperges : pelez et faites cuire les asperges 6 à 8 min dans l'eau bouillante salée. Égouttez-les et plongez-les dans de l'eau avec des glaçons pour stopper la cuisson et garder leur couleur verte. Réservez la pointe et coupez le reste en tronçons, salez, poivrez, puis mixez pour obtenir une purée. Ajoutez la crème et réservez au chaud.

2 – Préparez les asperges et le salami grillés : faites dorer les pointes d'asperges dans une poêle avec le beurre, salez et poivrez. Dans la même poêle, faites griller le salami et réservez.

3 – Préparez les œufs : cassez les œufs en séparant le blanc du jaune. Montez le blanc en neige ferme avec une pincée de sel. Remplissez 8 empreintes dans une petite plaque de moules en silicone. Avec le dos de la cuillère, faites une cavité au centre de chaque blanc en neige et faites cuire au micro-ondes environ 20 à 25 secondes. Démoulez les nids en neige délicatement et disposez-le sur un plateau. Placez un jaune d'œuf dans chaque cavité de blanc en neige, salez et poivrez.

4 – Dressage : dans les assiettes creuses, versez la purée d'asperges chaude, disposez sur le côté gauche les asperges rôties et à droite le salami. Enfin, placez au centre le nid d'œuf. Servez aussitôt.

DANIELE LAMBOGLIA

MAÎTRE RESTAURATEUR

DAVY & ÉMILIE LARZILLIÈRE

Ils sont chez eux, débordent d'enthousiasme, de volonté, d'envie de bien faire. Autant Émilie, dynamique et omniprésente dans la salle, que Davy, maniant le terroir dans sa fraîcheur saisonnière en cuisine. Après avoir tourné une dizaine d'années entre mer et montagne, jusqu'à Saint-Barthélemy, le jeune couple a trouvé cette petite maison au centre d'un village breton, au cœur de la campagne morbihannaise, surtout connu pour sa fête annuelle des jumeaux. Obtenant au bout d'un an le titre de maître restaurateur, ils peuvent voir l'avenir avec sérénité, et cette présence dans le *109* Gault&Millau en est une preuve supplémentaire.

La demeure, prolongée par une terrasse discrète, mise avant tout sur la simplicité et la convivialité. Le midi, la formule est attractive. Le soir et en fin de semaine, le jeune chef se lâche davantage, s'exprimant à travers des plats minutieux aux alliances pertinentes, comme ce tartare de saint-jacques associé à un crémeux de cresson et croquant d'algues ou un joli pavé de saumon d'Isigny nappé d'un délicat beurre blanc vanillé et flanqué d'une kyrielle de bons légumes.

La Maison du Puits — 12/20
12, place Anne-de-Bretagne – 56140 Pleucadeuc

INTERMÉDIAIRE

Wontons croustillants aux crevettes & crème de panais

POUR 4 PERSONNES

Préparation : 1 h 10
Cuisson : 1 h 10
Repos : 1 h

Pâte à ravioles
250 g de farine
½ c. à café de sel
1 œuf

Farce
15 crevettes roses
1 citron vert
2 échalotes
½ bouquet de coriandre (ou de cerfeuil)
1 c. à café de paprika
Sel et poivre
Huile

Crème de panais
4 panais
50 cl de crème
Sel et poivre

Bisque de crevettes
Les parures de crevettes
½ oignon
1 échalote
1 gousse d'ail
1 carotte
2 branches de thym
1 feuille de laurier
½ branche de céleri
2 c. à soupe de concentré de tomates
50 g de beurre

1 – Préparez la pâte : mélangez la farine, le sel et l'œuf et terminez par 14 cl d'eau. Pétrissez petit à petit afin d'avoir une pâte homogène. Réservez au frais 1 h.

2 – Préparez la farce : décortiquez les crevettes, réservez les têtes et les carapaces pour la bisque. Coupez-les en petits morceaux et ajoutez les échalotes ciselées, la coriandre hachée et le zeste du citron vert. Levez les segments de citron vert et ajoutez-les dans la préparation. Ajoutez sel, poivre et paprika. Réservez au frais.

3 – Réalisez la crème de panais : épluchez les panais et faites-les cuire dans une casserole d'eau bouillante salée pendant 25 min. Mixez-les avec la crème, le sel et le poivre jusqu'à l'obtention d'une crème bien lisse.

4 – Préparez la bisque de crevettes : faites revenir les parures de crevettes dans une casserole bien chaude avec l'oignon, l'échalote et l'ail, le tout haché. Faites revenir jusqu'à obtenir une belle coloration. Taillez en gros cubes la carotte et le céleri. Une fois la coloration souhaitée obtenue, mouillez à hauteur et ajoutez la carotte, le céleri, le laurier et le thym. Portez le tout à ébullition. Écumez pour enlever les impuretés. Ajoutez le piment d'Espelette, le paprika et le concentré de tomates et faites cuire 15 min à feux doux. Mixez le tout et passez au chinois. Remettez sur le feu et faites réduire de moitié. Pour finir, faites monter avec le beurre, salez et poivrez.

DAVY LARZILLIÈRE

1 c. à café de paprika

½ c. à café de piment d'Espelette

Sel et poivre

5 – Montage des ravioles : étalez la pâte à l'aide d'un laminoir (ou d'un rouleau à pâtisserie) à 3 mm d'épaisseur. Taillez des carrés de 9 cm de côté. Déposez au milieu 1 c. à café de farce. Humidifiez les bords et bien serrer en formant une pyramide. Faites frire 5 min à 180 °C.

6 – Dressage : dans chaque assiette creuse, versez la crème de panais, déposez 2 ravioles, puis versez un peu de bisque sur le dessus. Vous pouvez ajouter un peu de restant de farce entre les deux ravioles et quelques feuilles de coriandre. Dégustez.

JULIEN LAVANDET

Julien Lavandet est un pur produit de la région et il connaît parfaitement son terroir : BEP à Marguerittes, commis à Montpellier, des voyages formateurs à travers le monde, puis retour dans sa région. Il passe quelques années à Saint-Maximin avant de s'installer à Montaren pour ouvrir La Table 2 Julien, où il reçoit sa première toque Gault&Millau. Il en décroche une deuxième à L'Artémise, où il obtient aussi le titre de Jeune Talent 2018, qu'il quitte en 2020 pour s'inscrire dans un nouveau projet.

À 38 ans, épanoui, il récupère d'emblée ses 2 toques, frisant même la troisième grâce à de superbes produits glanés chez les paysans alentour, dans un lieu magique dont la grande terrasse plonge sur les vignes. C'est avec un plaisir non dissimulé que nous l'avons retrouvé dans ce splendide domaine de Privardière, à Garrigues-Sainte-Eulalie.

Tout dans cette cuisine claque et percute sans perdre son Languedoc, du foie gras rôti, fraises, rhubarbe et crumble au thym, les crevettes en kadaïf, curry vert et chorizo poêlé, jusqu'au filet de canette parfaitement cuit, poireaux et coques toutes fraîches vivifiées par un bouillon de crevettes grises très parfumé, arancini farcis à la sicilienne, le tout arrosé d'un jus de cerise qui apporte à l'ensemble une belle acidité. Le plein de saveurs et de promesses pour cette toute jeune maison.

Maison Lavandet — 14,5/20
24, avenue de la Privadière
30190 Garrigues-Sainte-Eulalie

FACILE

Tataki de bœuf à la cacahuète & tempuras d'oignons

POUR 6 PERSONNES

Préparation : 20 min
Cuisson : 12 min

6 pavés de faux-filet de bœuf de 100 g chacun
3 feuilles de riz

Sauce à la cacahuète
1 oignon doux
1 citron caviar
20 cl de sauce soja salée
30 g de sucre
60 g de pâte de cacahuète

Tempuras d'oignons
1 bière blonde
125 g de farine de blé (T55)
1 œuf
1 botte de cébettes
Huile de friture

Garniture
30 g de cacahuètes
1 botte de radis
Basilic
Basilic thaï
Coriandre

1 –Préparez la sauce à la cacahuète : ciselez l'oignon doux et zestez le citron caviar, réservez. Faites chauffer la sauce soja avec 10 cl d'eau et le sucre dans une casserole. Au moment de l'ébullition, rajoutez l'oignon doux, les zestes de citron caviar et la pâte de cacahuète. Mélangez bien et réservez.

2 – Préparez la pâte à tempura : mélangez la farine, l'œuf et la bière jusqu'à ce que le mélange atteigne la consistance d'une pâte à crêpes. Réservez.

3 – Préparez la garniture : concassez les cacahuètes. Taillez les radis et préparez les herbes.

4 – Cuisson : dans une friteuse à 180 °C, faites frire les feuilles de riz pendant 1 min. Trempez les cébettes dans la pâte à tempura et faites-les frire jusqu'à ce qu'ils soient bien dorés. Réservez pour le dressage. Dans une poêle chaude, faites saisir les pavés de bœuf moins de 10 secondes sur chaque face, puis tranchez-les.

5 – Dressage : placez les tranches de bœuf en rectangles au centre de l'assiette. Nappez la viande de la sauce cacahuète. Parsemez d'éclats de cacahuètes. Placez les radis, les herbes et les chips de riz et ajoutez les beignets d'oignons en tempura.

Anthony

ANTHONY LAZZARO

L.A. Pas comme Los Angeles, mais tout simplement comme les initiales du chef de cette table posée dans l'une des ruelles typiques de Sanary-sur-Mer. Les habitués de cette station balnéaire connaissent par cœur le chemin, puisque La P'tite Cour fut longtemps parmi leurs destinations préférées pour son excellent rapport prix-plaisir. Anthony Lazzaro renchérit : en modernisant le lieu, en privilégiant le circuit court, en apportant une vision actuelle du traitement du produit, avec la Méditerranée et un peu d'Italie venue de ses origines calabraises. C'est ainsi que vous retrouverez la focaccia à la truffe et le risotto au parmesan reggiano, le chef aimant bien taquiner la truffe en saison dans un menu complet autour de la mélano.

Les dressages sont superbes, la technique très au point, renforcée par une formation initiale de pâtissier qui garantit également de jolis desserts, comme sa mascarpone vanille café et genièvre ou sa variation sur le citron et coriandre avec une étonnante touche iodée.

C'était un lieu populaire, il l'est resté. Mais le chef lui donne aujourd'hui une autre dimension, avec une ambition légitime et le choix de produits locaux de première force au service d'une assiette distinguée, parfois surprenante, mais toujours au service de saveurs harmonieuses.

L.A Restaurant — 12/20
6, rue Barthélémy-de-Don – 83110 Sanary-sur-Mer

INTERMÉDIAIRE

Rouget de roche
à l'orange, carotte jaune & oursin

POUR 4 PERSONNES

Préparation : 40 min
Cuisson : 40 min
Repos : 1 h 40

Marinade
8 filets de rougets
150 g de gros sel
100 g de sucre
25 g de sucre roux
1 orange (zeste)
10 g de curcuma

Purée
150 g de carottes jaunes
Beurre

Voile carotte
10 cl d'eau de cuisson de la purée de carottes
3,5 g de gélatine végétale

Émulsion
2 échalotes ciselées
10 g de poivre de Timut
100 g de vinaigre de vin rouge
4 jaunes d'œuf
250 g de beurre
1 orange pressée
2 oursins (corail)
¼ de botte d'estragon

Dressage
2 brins de cresson
5 croûtons de pain
Huile d'estragon
2 oursins (langues)

1 – Préparez la marinade : mélangez le gros sel, les sucres, le curcuma, puis les zestes d'orange. Recouvrez les filets de rougets préalablement désarêtés (demandez à votre poissonnier). Après 40 min, dessalez et laissez sécher au froid recouvert d'un papier sulfurisé pendant 1 h.

2 – Préparez la purée de carottes : pelez et faites cuire les carottes à l'eau, puis écrasez-les en purée avec une noix de beurre.

3 – Préparez le voile carotte : portez l'eau de cuisson des carottes et la gélatine végétale à ébullition, puis versez-en fine couche sur une plaque.

4 – Préparez l'émulsion estragon et oursin : faites réduire à sec le vinaigre de vin rouge avec les échalotes ciselées, l'estragon et les grains de poivre de Timut. Ajoutez l'orange pressée, le corail d'oursin et les jaunes d'œuf, montez en sabayon (crème) à feu doux au bain-marie. Incorporez peu à peu le beurre clarifié*, passez au chinois, puis réservez au frais.

5 – Dressage : taillez en fines lamelles les filets de rouget en conservant leur forme, puis brûlez légèrement la peau avec un chalumeau. Disposez harmonieusement les autres éléments : purée de carottes, croûtons de pain, voile carotte, cresson, langues d'oursin et huile d'estragon.

ANTHONY LAZZARO

VANESSA LE GALL & MATHIEU MENGUY

Ensemble, c'est mieux. Et Nous, c'est Mathieu en cuisine et Vanessa en salle pour cette histoire bretonne qui se réécrit à deux.

Mathieu Menguy a connu un parcours breton empli d'expériences enrichissantes. En commençant par Patrick Jeffroy – rien de tel pour respirer l'air marin et partager, avec exactitude et maîtrise, la connaissance de la mer et comment la cuisiner. Après un petit tour de France de grandes maisons, Mathieu Menguy revient au pays, chef au Manoir de Kerhuel, à Ploneour-Lanvern, puis chez lui, en reprenant L'Ambroisie, qui fut longtemps la tête de liste de la gastronomie quimpéroise.

Ici, dans cette jolie rue piétonne du centre-ville, voilà un lieu chaleureux et à taille humaine où Mathieu et Vanessa peuvent travailler le local avec passion et sens du partage. Produits de saison, pêche du matin, une forme de simplicité qui cache une belle technique dans une carte où rien n'est banal : le tourteau se marie à l'artichaut avec un curry « corsaire », le merlu de petit bateau est cuit en « vapeur de varech » sous un voile de haddock, le magret de canard vient de la Bruyère Blanche à Landrévarzec, avec un pak-choï citron-citronnelle ail noir et une sauce « 1000 épices ».

Nous Restaurant — 12,5/20

17, rue Saint-Mathieu – 29000 Quimper

INTERMÉDIAIRE

Asperges vertes beurre dulse-blé noir, coques, condiment marin-malin

POUR 6 PERSONNES

Préparation : 45 min
Cuisson : 50 min
Repos : 1 h

12 asperges vertes de la pointe de la Torche

30 grosses coques

Beurre dulse-blé noir

60 g de beurre fermier demi-sel

20 g de graines de blé noir torréfiées (graines de kasha)

10 g de dulse* fraîche

Condiment marin-malin

1 oignon de Roscoff

Les arrières des asperges

20 g de dulse fraîche

6 c. à café de vinaigre de cidre fermier

100 g de sucre rapadura (jus de canne concentré et déshydraté)

2 pincées de 4-épices

Écume de lait ribot

200 g de lait ribot

100 g de crème fleurette

Sel et poivre de Timut

1 – Mettez les coques à dessabler 1 heure dans de l'eau salée en changeant plusieurs fois l'eau.

2 – Épluchez les asperges vertes et gardez les arrières pour le condiment marin-malin.

3 – Réalisez le beurre dulse-blé noir : incorporez le blé noir torréfié ainsi que la dulse finement ciselée dans le beurre pommade. Réservez au réfrigérateur.

4 – Réalisez le condiment marin-malin : faites fondre sans coloration excessive le sucre rapadura, arrêtez la cuisson au vinaigre de cidre, faites réduire de moitié, puis ajoutez l'oignon de Roscoff ciselé et les arrières d'asperges vertes finement coupés, la dulse ainsi que le 4-épices. Faites doucement compoter puis mixez. Réservez.

5 – Réalisez l'écume de lait ribot : mélangez le lait ribot et la crème, ajoutez le sel et le poivre de Timut, faites tiédir (attention à ne pas faire bouillir).

6 – Préparez les coques : plongez les coques dans de l'eau bouillante salée, à raison de 30 g de sel par litre d'eau. Dès l'ouverture des coques, retirez-les immédiatement afin de ne pas trop les cuire.

7 – Faites cuire les asperges dans une poêle avec le beurre dulse-blé noir à feu doux. Le beurre doit rester mousseux. Contrôlez la cuisson à l'aide de la pointe d'un couteau : l'asperge doit rester légèrement croquante. Égouttez.

8 – Dressez harmonieusement les asperges, les coques, une pointe de condiment marin-malin, émulsionnez à l'aide d'un mixeur plongeant le lait ribot et saucez. Ajoutez à votre convenance les herbes de cueillette ainsi que des tuiles de blé noir.

JASON & SHARON LE GLATIN

Toutes les familles sarthoises ont connu L'Auberge du Rallye, ce temple des beaux dimanches et des repas entre générations. Il fallait sortir de la ville, dépasser le circuit des 24 Heures (du Mans) et s'enfoncer un peu dans la campagne pour découvrir cette institution de village, bastion de la tradition heureuse et des cérémonies réussies.

Sharon et Jason Le Glatin, qui se sont rencontrés aux Lyonnais, le bouchon chic d'Alain Ducasse, à Paris, sont tombés sous le charme de cet ancien café de gare plus que centenaire, arrangé et aménagé au fil des décennies. Si Sharon est d'origine philippine, Jason est un enfant du pays. Il a grandi au village et connaît parfaitement l'histoire du restaurant. Le couple a décidé de le baptiser Nipa, du nom d'un palmier bienfaisant très présent aux Philippines, dont on exploite les feuilles pour construire des toits comme du chaume et dont la sève peut être utilisée en tant qu'édulcorant, d'alcool et même de carburant propre !

Cette table au décor épuré qui privilégie le bois naturel est aussi l'expression du respect de l'environnement, mêlant les cultures tout en valorisant la production. Sharon, qui s'est fait connaître grâce à ses pâtisseries à L'Atelier de Sharon, à Moncé-en-Belin, assure la partie douceurs, tandis que Jason peaufine une carte déjà ambitieuse, avec son mulet et anguille de Loire façon « kinilaw » (le ceviche philippin) et, au barbecue, la poularde de la Cour d'Armoise et le manioc « tsokolate » de Sharon, crémeux noix de coco glace à la feuille de banane.

Maison Nipa — 12/20
13, rue des Gesleries – 72210 Fillé

EXPERT

Manioc & tsokolate

POUR 6 PERSONNES

Préparation : 2 h
Cuisson : 1 h 30
Repos : 24 h 30

Gâteau au manioc
900 g de manioc épluché et râpé
3 œufs
440 g de sucre
19 cl de lait concentré non sucré
31 cl de lait de coco
60 g de beurre doux fondu

Topping pour le gâteau
2 c. à soupe de farine
400 g de lait concentré sucré
8 cl de lait de coco
2 jaunes d'œuf

Crumble chocolat
115 g de sucre
115 g de farine
50 g de poudre de cacao
150 g de beurre doux
100 g de poudre d'amandes
1 pincée de sel

Glace feuille de banane
25 cl de crème
25 cl de lait
100 g de sucre
4 jaunes d'œuf
1 feuille de banane

Crémeux coco
175 ml de lait de coco
175 g de crème
9 cl de lait
30 g de Maïzena
1 pincée de sel
215 g de chocolat blanc
150 g de beurre doux tempéré

1 – La veille, réalisez la glace feuille de banane : faites bouillir le lait et la crème, ajoutez la feuille de banane et laissez infuser pendant 30 min hors du feu. Enlevez la feuille de banane et faites une crème anglaise avec le liquide infusé, les jaunes d'œuf et le sucre. Laissez refroidir pendant 24 h, puis passez à la sorbetière.

2 – Gâteau au manioc : mélangez les ingrédients et versez dans un moule (30 x 30 x 7 cm) chemisé avec un papier de cuisson, bien graissé. Faire cuire au four à 180 °C (th. 6) pendant 45 min. Laissez refroidir et coupez comme vous le souhaitez.

3 – Toppings pour le gâteau : faites chauffer le lait concentré sucré et le lait de coco ensemble dans une casserole. Dans un cul-de-poule, mélangez la farine et les jaunes d'œuf, ajoutez-les dans la casserole. Mélangez pour obtenir une consistance épaisse. Laissez refroidir dans un récipient. Ajoutez sur le gâteau au manioc à la dernière minute et caramélisez au chalumeau avant de servir.

4 – Crumble chocolat : mélangez tous les ingrédients au batteur et faites cuire au four à 180 °C (th. 6) pendant 10 min.

5 – Crémeux coco : faites chauffer le lait de coco et la crème. Dans un cul-de-poule, mélangez le lait avec la Maïzena et le sel. Réalisez une crème pâtissière avec ce mélange et le lait de coco et la crème. Versez dans un cul-de-poule avec le chocolat blanc et mélangez jusqu'à ce que le mélange devienne homogène. Ajoutez le beurre et versez dans une poche à douille pour créer les points de décoration sur l'assiette.

6 – Tsokolate : mettez tous les ingrédients ensemble

SHARON LE GLATIN

Tsokolate (boisson philippine, servie à part pour accompagner le dessert, dans un verre)

25 cl de crème

37, 5 cl de lait

115 g de muscovado (sucre des Philippines)

70 g de poudre de grué de cacao

20 g de pâte de cacahuète

dans une casserole et faites chauffer jusqu'à ce que le mélange soit homogène.

7 – Dressage : servez sur une assiette décorée de chips de manioc (tranches fines de manioc couvertes de sucre glace, puis cuites au four à 180 °C pendant 10 min). Ajoutez des fleurs comestibles.

ARNAUD, CÉSAR & CHRISTINE LE LEVIER

AC pour Arnaud et Christine Le Levier, qui ont retrouvé ici l'envie d'une nouvelle aventure. Ils la partagent désormais avec leurs deux fils, César, l'aîné – en cuisine avec Arnaud –, et Arthur. L'histoire n'est pas banale : il y a une dizaine d'années, en ce même lieu, un restaurant nommé Pen Ar Vir avait pour chef cuisinier Arnaud Le Levier. Dont Gault&Millau saluait déjà, à l'époque, le talent pour conjuguer et valoriser la cuisine nature, les saveurs marines, les légumes bio…

Quelques vagues sont passées, la famille a largué les amarres et les demoiselles de Loctudy, avant d'y revenir quelques années plus tard. Entre-temps, la maison avait changé d'enseigne, pour s'appeler le Bistro Toqué. Les Le Levier l'achètent à nouveau, en 2019, pour y installer la famille et la rebaptiser. On prend les mêmes, et on recommence ! La mouclade, qui avait rendu la table célèbre, est réapparue sur la carte. Le savoir-faire d'Arnaud s'exprime à travers des plats de grande simplicité et toujours aussi réjouissants, comme si l'on venait ici pour réviser les gammes : encornets frits sauce rémoulade, sole et lieu de ligne, pièce de bœuf maître d'hôtel. Une sobriété servie par une technique parfaite pour cuire, rôtir, rissoler, mijoter, braiser. Un vrai travail de pro !

AC Le Levier — 12/20
5, rue du Commandant-de-Carfort – 29750 Loctudy

FACILE

Ceviche de vernis des Glénan au wakamé & crème d'avocat

POUR 4 PERSONNES

Préparation : 15 min

12 gros vernis des Glénans
3 grosses échalotes
1,5 citron (jus)
100 g de wakamé frais
8 c. à soupe d'huile d'olive
4 c. à café de sauce soja

Crème d'avocat

2 avocats
4 c. à soupe d'huile d'olive
1,5 citron (jus)
Sel et poivre

Dressage

Fleurs de bourrache
ou de l'aneth frais

1 – **Ouvrez les vernis** et enlevez la glande noire, puis émincez-les à cru. Réservez les coquilles pour le dressage.

2 – **Ciselez les échalotes,** pressez le jus de citron, émincez finement le wakamé frais.

3 – **Préparez la crème d'avocat :** mixez la chair des avocats le reste des ingrédients. Réservez au réfrigérateur.

4 – **Mélangez** le wakamé frais avec l'échalote ciselée, le jus de citron, 8 c. à soupe d'huile d'olive, salez et poivrez, ajoutez 4 c. à café de sauce soja et les vernis émincés.

5 – **Dressage :** répartissez la préparation précédente dans les coquilles de vernis et décorez avec la crème d'avocat et les fleurs de bourrache ou de l'aneth frais.

ARNAUD &
CÉSAR LE LEVIER

Maxime Le Meur

CLÉMENT & MAXIME LE MEUR

Comme l'enseigne l'indique, ils sont jumeaux ! Dans le fier 7e, tout près des Invalides, les deux frères ont ouvert une belle table au chic assumé sous un grand lustre et plafond mouluré.

Maxime Le Meur est un chef au parcours cousu de lettres de noblesse : Apicius et Jean-Pierre Vigato, un peu son parrain en cuisine, qu'il a retrouvé un temps chez Lapérouse, Le Cinq avec Christian Le Squer, ou L'Affable, où il connut son premier poste de chef, le jeune cuisinier connaît les règles et les nécessités de la gastronomie. Désormais chez lui, et presque à rebours de la tendance « topcheffienne » à l'improvisation, il réalise une vraie cuisine cuisinée et surtout pensée.

Aussi jolies que maîtrisées, ses assiettes ont la délicatesse et le goût : un trio d'asperges blanches sardine fumée, caviar et sabayon de cresson qui apporte une belle caresse végétale, des couteaux et du fenouil en salade rafraîchis par une crème glacée fenouil-gingembre pour le froid, et deux superbes huîtres gratinées œufs de hareng fumé pour le chaud, ou encore le ris de veau et sa jardinière printanière, bousculé et boosté par du chorizo grillé et du ketchup de piquillos, voilà le compromis réfléchi et idéal des bases classiques et de la modernité.

Gemellus — 14,5/20
37, avenue Duquesne – 75007 Paris

INTERMÉDIAIRE

Émietté de tourteau, concombre acidulé, coulis de tomate & pomme vertes

POUR 4 PERSONNES

Préparation : 40 min
Cuisson : 25 min

1 tourteau d'environ 1 kg

Vinaigre de pickles
125 g de sucre
250 g de vinaigre blanc
1 botte de coriandre fraîche

Concombre acidulé
1 concombre
1 citron vert

Pickles
1 barquette de mûres
1 betterave rouge cuite
1 oignon rouge

Coulis de tomate et pomme
4 tomates Green Zebra
1 pomme verte
1 c. à café de moutarde

Dressage
1 citron vert
4 c. à café d'huile d'olive
Sel et poivre

1 – Préparez le tourteau : faites cuire le tourteau à l'eau bouillante environ 20-25 min. Une fois refroidi, décortiquez-le et réservez au frais.

2 – Préparez le vinaigre de pickles : mélangez le sucre, 30 cl d'eau et le vinaigre blanc, portez à ébullition. Effeuillez la botte de coriandre et faites infuser les tiges dans le vinaigre de pickles, réservez les feuilles au frais et le mélange (sucre, eau, vinaigre) à température ambiante.

3 – Préparez le concombre acidulé : réalisez des tagliatelles de concombre à l'aide d'un économe en évitant les pépins du cœur, puis assaisonnez avec un zeste et un jus de citron vert, du sel et du poivre.

4 – Préparez les pickles : coupez les mûres en deux et réservez. Réalisez des billes de betterave rouge cuite, et réservez également. Enfin, taillez l'oignon rouge afin de faire des petites pointes. Versez le vinaigre de pickles froid sur les demi-mûres et bouillant sur les pointes d'oignon et les billes de betterave.

5 – Préparez le coulis de tomate et pomme granny smith : mixez au robot l'intégralité des tomates sans le pédoncule et les quartiers de pomme verte. Salez, poivrez et ajoutez une cuillère à café de moutarde. Mixez de nouveau et réservez au frais.

6 – Dressage : dans une assiette creuse, à l'aide d'un emporte-pièce rond, déposez dans le fond le mélange de tourteau préalablement assaisonné d'huile d'olive, de zestes de citron vert, de sel et de poivre. Tassez le tout avec le dos d'une cuillère.

MAXIME LE MEUR

Enlevez l'emporte-pièce et déposez joliment les lanières de concombre, ajoutez harmonieusement les pickles égouttés, quelques feuilles de coriandre fraîche. Zestez un citron vert et versez le coulis de tomate délicatement autour de ce montage, puis quelques gouttes d'huile d'olive.

ERWANN LE POGAM

Singulière et humaine, telle est l'histoire d'Erwann Le Pogam, ancien machino de plateau pour le cinéma reconverti dans la cuisine par passion. Après quelques passages dans la région, à Vannes et à Quiberon, notamment chez Hervé Bourdon au Petit Hôtel du Grand Large, où il fait encore mieux connaissance avec l'océan, Erwann a pu s'installer à Carnac, dans l'ancienne Brigantine que les propriétaires souhaitaient quitter pour prendre leur retraite. Chez lui, la mise en scène est soignée, chaque détail compte, même si, au-delà du contrôle, tout est fluide et évident.

Cuisine de la mer et cuisine végétale, c'est un mur de lierre et un nom basque, Itsasoa (« mer », en euskadi) qui accueillent le client. Tout est logique pour ce Breton qui a connu Biarritz (un peu) et les rivages toute sa vie. Les assiettes sont d'une présentation limpide, de la couleur, des fleurs sauvages et des produits soigneusement choisis, qui expriment idéalement les saisons et la Bretagne, avec technique, modernité et recherche. Et même si l'approvisionnement est essentiellement régional, poissons de ligne et coquillages d'ici, l'esprit est sans œillères, tourné vers le naturel et la franchise, à l'image d'une carte de vins orientée bio et biodynamie.

Itsasoa — 13/20
1, rue de Ker-Anna – 56340 Carnac

INTERMÉDIAIRE

Huître au barbecue, pomme, navet, vinaigrette passion & citron confit

POUR 8 PERSONNES

Préparation : 40 min
Cuisson : 1 h 10

8 belles huîtres creuses taille 1 (spéciale si possible)
1 pomme
1 navet primeur

Vinaigrette
15 cl de jus de passion
10 g de sucre
2 cl de vinaigre de riz
2 cl de vinaigre balsamique blanc
2 cl de vinaigre blanc
15 cl d'huile de pépins de raisin

Pâte de citron confit
1 kg de citron
200 g de sel
1 kg de sucre

Pour le dressage
Fleurs d'ail sauvage
Radis
Aneth

1 – Préparez la brunoise de pomme et navet primeur, mélangez et réservez.

2 – Pour la vinaigrette : chauffez le jus et le sucre jusqu'à dissolution, laissez refroidir. Ajoutez les vinaigres, l'huile et réservez en petite pipette.

3 – Pour la pâte de citron confit : faites blanchir à l'anglaise* les citrons préalablement brossés et rincés dans trois bains différents afin d'en ôter l'amertume. Portez à ébullition 1 l d'eau avec le sucre dans une casserole. Plongez les citrons et faites-les pocher dans le sirop à frémissement durant environ 1 h. Mixez finement cette préparation, puis passez la chair au tamis moyen. Débarrassez et réservez au froid. Remplissez une petite pipette avec l'appareil. Conservez le reste de la pâte de citron confit pour une utilisation ultérieure (vous pouvez également réduire les proportions par 5).

4 – Dressage : préparez un petit barbecue avec une braise bien vive, déposez les huîtres à même les braises, retirez-les dès que leur eau frémit (environ 45 secondes). À l'aide d'un couteau à huîtres, ouvrez-les délicatement en prenant soin de ne pas les abîmer. Débarrassez sur une plaque. Garnissez la coquille ou le fond d'une petite assiette avec la brunoise de pomme et navet préalablement assaisonnée, ainsi que quelques points de citron confit. Déposez l'huître du plus joli côté. Arrosez avec un peu de vinaigrette, puis terminez avec les radis, les herbes et les fleurs. Servez rapidement.

ERWANN LE POGAM

BOIRE OU
POURQUOI

LOUIS LEPRÊTRE & SIMON PIEN

Il est celui qui a repeint le Calvados en rouge, blanc, orange, et surtout nature. Jean-Charles Halley, à travers sa cave, et aujourd'hui son restaurant, a fait venir le vin là où il n'y a pas de vignes, en Normandie. À Caen, où l'on boit du cidre, du calva et du vin de négoce ou de grande surface.

Et, comme un bonheur n'arrive jamais seul, en ouvrant son « restaurant à boire », il a aussi un peu rénové l'image du bistrot tradi, avec une offre de l'instant, spontanée et futée, dessinée par ses deux chefs, Louis Leprêtre et Simon Pien, qui dressent au jour le jour un joyeux catalogue de pique-nique, de grignotages, d'apéros prolongés et de soirées réussies.

Pas de poèmes à rallonge pour les intitulés, du franc, du direct, ce qui n'interdit pas le plaisir : des langoustines, des gyozas, des croquettes de veau ou du navet farci à partager, mais aussi de vrais plats avec de la matière, le turbot petits pois rhubarbe ou le veau asperge pomme de terre, tout ce qui tombe pile dans la saison, bien cueilli, bien pêché, bien travaillé.

Au-delà du concept, il y a un état d'esprit, un brin gouailleur, un brin râleur, un brin normand viking qui ne redoute pas de se mouiller, même si l'on met ici rarement de l'eau dans son vin. Ceux qui adhèrent, et ils sont nombreux, sont des complices, vite des amis, et sans aucun doute des épicuriens à la mode de Caen.

Les Mets Chai — 11/20
26, rue des Jacobins – 14000 Caen

INTERMÉDIAIRE

Échine de cochon, orge asperges & égopode

POUR 4 PERSONNES

Préparation : 40 min
Cuisson : 50 min

600 g d'échine de cochon bien élevé
12 asperges vertes
200 g d'orge
1 bouquet d'égopode (que l'on peut remplacer par une botte de persil)

Sabayon
100 g d'ail des ours
5 jaunes d'œuf
100 g de beurre
1 c. à soupe de crème liquide
Sel et poivre

1 – Préparez l'égopode : faites chauffer une casserole d'eau salée, plongez-y l'égopode effeuillée environ 2 min afin de la blanchir. Plongez-la dans l'eau glacée, pour arrêter la cuisson, mixez ensuite avec un peu de son jus de cuisson de manière à obtenir une texture de purée. Réservez au frais.

2 – Préparez l'orge : démarrez une cuisson à l'eau froide salée pour l'orge. Faites-le cuire à petits frémissements pendant 20 min. Égouttez-le.

3 – Écussonnez* les asperges, faites-les cuire dans l'eau bouillante salée 3 min. Débarrassez-les dans l'eau froide, égouttez-les et réservez-les sur du papier absorbant.

4 – Préparez le cochon : préchauffez le four à 180 °C (th. 6). Dans une poêle fumante, sans matière grasse, faites cuire l'échine entière côté peau. Une fois bien colorée et le gras bien fondu, continuez la cuisson sur les autres faces. Salez, poivrez. Terminez la cuisson au four pendant 10 min.

5 – Réalisez le sabayon à l'ail des ours : ciselez finement les trois quarts des feuilles d'ail des ours. Faites fondre le beurre lentement. Dans une casserole à part, déposez les 5 jaunes d'œuf avec un filet d'eau tiède. Vannez* la préparation jusqu'à son épaississement. Ajoutez le beurre, un filet de crème liquide et l'ail des ours.

6 – Dressage : réchauffez l'orge dans une casserole avec un peu de beurre, ajoutez-y le reste d'ail des ours ciselé grossièrement. Disposez une cuillerée au centre de l'assiette, posez 3 asperges dessus. Coupez l'échine en 4 beaux pavés, déposez un

LOUIS LEPRÊTRE
& SIMON PIEN

morceau sur le côté de chaque assiette, et déposez une quenelle d'égopode de l'autre. Arrosez le cochon de sabayon. Assaisonnez.

MATTHIAS LEULIETTE

Demain est un autre jour, celui qu'on attend, celui qu'on espère. Matthias Leuliette a connu pas mal de demains avant de fixer son véritable centre d'intérêt, celui pour lequel il était vraiment fait : la cuisine. Rameur, puis rugbyman, puis étudiant en médecine, spécialité dentaire, il finit par lâcher, s'inscrit à « MasterChef », se balade un peu, à Londres notamment, avant de rentrer au bercail, d'attendre d'autres lendemains, avant de s'installer.

C'était hier, il y a deux ans à peine, et tout continue à bouger autour de lui. Le quartier Saint-Charles est porteur, la salle de poche se remplit toute seule pour son menu improvisé à partir d'ingrédients retenus dans une longue liste de saison.

Matthias Leuliette a la foi et cela se sent. Il ne transige pas dans son approvisionnement, production et producteurs proches dans tous les sens du terme. Il vante le pain de son boulanger, Clément, est heureux d'échanger avec son caviste et fonctionne assurément au feeling avec les divers intervenants.

La confiance se mérite et ses clients fidèles la lui accordent. On ne boudera donc pas le plaisir de le laisser nous embringuer dans son univers insolite. La cuisine d'aujourd'hui, et de demain, peut aussi se nourrir d'une telle expérience.

Demain — 12,5/20
1, rue du Lycée – 64200 Biarritz

INTERMÉDIAIRE

« Mange-moi l'oignon »

POUR 4 PERSONNES

Préparation : 20 min
Cuisson : 1 h 50
Repos : 30 min

1 kg de gros oignons (soit 6 oignons)
10 cl d'huile d'olive
2 gousses d'ail hachées finement
1 l de bouillon de légumes
2 g de thym citron
10 g de sel de mer
3 g de poivre blanc moulu

1 – Préparez les « oignons-bols » : faites chauffer 4 oignons entiers au four préchauffé à 170 °C (th. 5-6) pendant 35 min. Laissez-les refroidir à température ambiante. Une fois refroidis, coupez le chapeau des oignons de façon à pouvoir les évider. Retirez et réservez les « feuilles » de chair d'oignon de façon à récupérer des contenants comme des petits bols (gardez une membrane d'oignon suffisante pour que les bols soient imperméables).

2 – Préparez la soupe à l'oignon : taillez les feuilles d'oignons précuits finement dans le sens de la longueur. Préchauffez votre casserole à 100 °C (th. 3-4). Ajoutez l'huile d'olive, le reste des oignons émincés, le sel et le poivre. Mélangez bien pour « casser » tous les oignons tranchés. Commencez la cuisson en fermant le couvercle presque complètement. Remuez toutes les 5 min pendant environ 1 h jusqu'à ce qu'ils commencent à ramollir, puis à caraméliser doucement.
– Ouvrez le couvercle et continuez à remuer en veillant à bien gratter les sucs qui se créent au fond de la casserole (une couleur de caramel doré doit apparaître). Ces sucs donneront les notes umami de la soupe à l'oignon.
– Ajoutez l'ail et le thym citronné hachés finement. Laissez cuire encore 5 à 10 min à 90 °C (th. 3) en vérifiant l'assaisonnement. Lorsque

Astuce du chef :

« La soupe à l'oignon de Demain, celle qu'on aime à déguster le lendemain de soirée au petit matin avec les copains. Nous aimons mettre en valeur ce produit du quotidien qu'est l'oignon avec cette recette populaire que nous modernisons sous sa forme, en servant la soupe directement dans l'oignon. Vous retrouverez une profondeur de goût, des notes umami, un plat réconfortant à coup sûr. À servir avec un verre de rouge du Château Noguès. »

MATTHIAS LEULIETTE

les oignons sont cuits et dorés, égouttez-les dans une passoire (conservez l'huile aromatisée à l'oignon pour une utilisation ultérieure). Réservez cette compotée d'oignons.

– Mixez fortement le bouillon de légumes avec 400 g de la compotée obtenue précédemment. Passez le tout au chinois étamine et rectifiez l'assaisonnement si besoin.

3 – Dressage : déposez au fond des assiettes un peu de foin à la manière d'un nid. Posez au creux du nid un « bol-oignon » et versez-y la soupe chaude. Dégustez et terminez en mangeant également la chair cuite de l'oignon.

PIERRE-MICHAËL MARTIN

Une découverte, mais aussi une confirmation dans la capitale mondiale de la gastronomie. Pierre-Michaël Martin, alias « Pimousse », que tout Lyonnais a croisé au moins une fois lorsqu'il officiait en cuisine ouverte au Bistrot du Potager, boulevard de Stalingrad, avait déjà une base solide, perfectionnée chez Mathieu Viannay, à La Mère Brazier. Des fondamentaux dont il se sert aujourd'hui pour son premier établissement en solo, posé sur les bords de Saône.

Lancé à l'été 2021, son Pimousse est une synthèse idéale entre ses expériences passées, entre le bistrot de potes, joyeux et facile, et la table gastro, avec la rigueur de la réalisation et l'imagination d'un chef. Le jeu des textures, la précision dans les cuissons, mais aussi dans les jus – sur la pomme de ris de veau, parfaite avec l'anguille fumée, ou plus récemment à l'anchois –, révèlent un talent incontesté dans la cuisine de Pierre-Michaël Martin. Quand notre enquêteur local qualifie ses noodles d'encornet de « *renversantes* », c'est sûrement que Gault&Millau a mis la main sur une pépite qu'il va falloir suivre de près.

Chez Pimousse — 14,5/20
27, quai Saint-Vincent – 69001 Lyon

INTERMÉDIAIRE

Pomme de ris de veau, tombée végétale, anchois fumés, éclats de pistache

POUR 4 PERSONNES

Préparation : 30 min

Cuisson : 30 min

600 g de ris de veau

500 g d'épinards

4 côtes de blettes

500 g d'ail des ours (gardez les fleurs pour la finition)

4 filets d'anchois fumés

40 g de pistaches décortiquées

Jus de veau

100 g de beurre

2 c. à soupe d'huile de pépins de raisin

1 citron

Sel et poivre

1 – Préparez tous les ingrédients : dans une casserole, faites blanchir les ris de veau, laissez-les refroidir, égouttez-les bien. Lavez les épinards, l'ail des ours et les blettes. Équeuter les épinards. Faites blanchir les blettes quelques secondes, puis glacez-les*. Pelez le citron à vif et taillez des salpicons*.

2 – Faites colorer les ris de veau sur toutes les faces dans une poêle avec de l'huile chaude. Une fois bien colorés, ajoutez une belle noix de beurre et arrosez jusqu'à les rendre bien croustillants.

3 – Réalisez la tombée végétale : dans un sautoir, faites tomber les épinards, l'ail des ours et les blettes, et faites-les saisir environ 2 min.

4 – Dressage et finition : dans une assiette plate, disposez la tombée végétale sur le fond, déposez le ris de veau par-dessus. Recouvrez les ris de veau avec les filets d'anchois, quelques salpicons de citron, les fleurs d'ail des ours et les pistaches concassées. Arrosez de 2 cuillères de jus de veau bien réduit. Assaisonnez avec de la fleur de sel et du poivre, selon votre goût.

PIERRE-MICHAËL MARTIN

SÉBASTIEN MÉHAUX

Si l'installation en Bretagne date de 2019, la pandémie et les divers confinements ont empêché Delphine et Sébastien Méhaux de s'exprimer pleinement jusqu'à l'an passé, ce qui a donné l'occasion à Gault&Millau de les découvrir déjà en vitesse de croisière.

Saint-Pol-de-Léon et cette jolie maison proche de la cathédrale, avec sa verrière qui inonde la salle de lumière, ce fut un coup de cœur pour ces professionnels venus du Lot qui voulaient un autre climat et d'autres paysages. La Bretagne des embruns et des fermes, des produits et des recettes : Sébastien Méhaux, le cuisinier originaire du Nord, savoure évidemment. En deux ans, il a ainsi noué des liens déjà forts avec nombre d'agriculteurs, pêcheurs, éleveurs pour nourrir d'idées, d'associations, de saveurs nouvelles une carte éminemment personnelle. D'ailleurs, aujourd'hui, le nom des fournisseurs apparaît dès la première page, avec priorité au local.

La volonté est clairement gastronomique, même s'il reste du chemin pour améliorer, peaufiner, fignoler ces inspirations parfois audacieuses (la lotte fumée et l'escalope de foie gras, le condiment berawecka sur le pigeon fermier au chou-fleur...). Mais le cuisinier ne s'interdit rien et va continuer de progresser.

L'Émoi de Mets — 13/20
4, rue Croix-au-Lin – 29250 Saint-Pol-de-Léon

INTERMÉDIAIRE

Artichauts violets, mousse d'avocat kombu confit, lait ribot glacé

POUR 6 PERSONNES

Préparation : 25 min
Cuisson : 15 min
Attente : 2 h 10 min

6 petits artichauts violets très frais
Le jus de 1 citron
3 avocats bio
100 g de fanes de carotte
10 cl d'huile de pépins de raisin
25 cl de lait ribot
50 g de sarrasin soufflé (dans les bonnes épiceries asiatiques)
100 g de kombu confit (dans les bonnes épiceries asiatiques)
250 g de crème liquide
Beurre demi-sel
Huile d'olive
Sel et poivre

1 – Salez et poivrez le lait ribot, versez-le sur une plaque type lèchefrite et placez 2 heures au congélateur.

2 – Parez* les artichauts, citronnez-les et gardez 8 à 10 cm de queue, faites-les cuire doucement dans le beurre demi-sel et l'huile d'olive pendant 10 à 15 min. Salez, poivrez et réservez au chaud.

3 – Laissez infuser 10 min la crème avec le kombu confit, filtrez et réservez.

4 – Mixez les avocats avec la crème. Mettez ce guacamole en siphon et gazez 2 fois, réservez au chaud à une température de 60 °C.

5 – Mixez les fanes de carotte préalablement lavées et séchées avec l'huile de pépins de raisin pendant 5 min. Filtrez et réservez.

6 – Grattez à la fourchette le lait ribot glacé pour obtenir un granité.

7 – Dressage : mettez au centre de l'assiette la mousse d'avocat au kombu confit. Posez sur le côté l'artichaut tiède. Saupoudrez de sarrasin soufflé. Versez un filet d'huile de fanes autour de l'assiette. Pour finir, disposez le lait ribot glacé sur l'ensemble de l'assiette. Servez aussitôt.

SÉBASTIEN MÉHAUX

Paroles du chef :

« Cette assiette représente ma cuisine, qui mélange les produits bretons avec une touche japonisante. L'idée est de mélanger la force des algues et de l'artichaut avec la douceur de l'avocat. Le lait ribot avec son acidité vient "réveiller" l'ensemble. L'huile de fanes, elle, amène le côté très végétal, très chlorophylle. »

TOM MEYER

De tous les « Manigolden boys », c'est-à-dire les chefs dénichés par ce champion du casting qu'est Stéphane Manigold (Substance, Contraste, Liquide, Bistrot Flaubert...), Tom Meyer est celui dont l'ascension a été la plus fulgurante.

En quelques mois dans l'ancien Spring de Daniel Rose, celui qui fut le bras droit d'Anne-Sophie Pic à Valence, passé entre autres par le mythique Hôtel de Ville de Crissier, période Philippe Rochat, Lameloise et La Chèvre d'Or, avec Ronan Kervarrec, a montré que l'on pouvait pousser la bistroterie à la mode dans les retranchements de la haute gastronomie. Grâce à des assiettes mûries, répétées, mijotées, aux alliances millimétrées et maîtrisées, ce qui change notablement de cette mode de l'improvisation et des fausses fulgurances.

Vainqueur du concours Taittinger en 2017, deuxième du Bocuse d'or France en 2019, Tom Meyer est un gagneur qui ne se fixe pas de limite. Avec 3 toques dès son entrée en course à la fin de l'année dernière, puis la confirmation cette année, c'est toute une énergie bénéfique qui entoure ce jeune chef volontaire, entraînant dans son sillage une équipe fortement motivée, avec un pâtissier, Anthony Chenoz, tout aussi affûté.

Granite — 15,5/20
6, rue Bailleul – 75001 Paris

EXPERT

Le gnocchi, cœur coulant aux coquillages, fenouil, graines d'anis & coriandre

POUR 10 PERSONNES

Préparation : 40 min
Cuisson : 1 h 30

Farce des gnocchis
75 g de coques
75 g de couteaux
2 cl de jus de lime (citron vert)
10 g de beurre
60 g de fenouil
30 cl de sauce coquillages
4 g de gélatine de poisson

Pâte à gnocchis
500 g de pommes de terre
100 g de farine T55
50 g de Maïzena
1 œuf
50 g de parmesan râpé
Gros sel

Jus de coquillages
30 cl de jus de coques réservé
8 cl de lait de coco
1 tige de citronnelle
1 lime (citron vert)
10 g de graines d'anis
5 g de gingembre frais râpé
10 g de pâte curry vert
30 g coriandre vietnamienne
4 g de gélatine de poisson

1 – Préparez la farce des gnocchis : taillez le fenouil en brunoise. Ouvrez et nettoyez les couteaux crus, coupez-les en petits tronçons de 2 cm. Faites suer une partie de la brunoise de fenouil avec le beurre, ajoutez les couteaux, faites saisir à feu vif pendant 10 secondes puis déglacez au jus de citron et débarrassez sur une plaque bien froide pour stopper la cuisson. Mettez un peu de jus de lime dans le fond d'une grosse casserole, ajoutez les coques et les cuire rapidement à couvert. Lorsqu'elles sont à peine ouvertes, débarrassez rapidement. Filtrez le jus et réservez-le. Mélangez les coques décortiquées, les couteaux, le fenouil cru et cuit. Mélangez la sauce coquillages avec la gélatine et ajoutez-la à la préparation.

2 – Préparez les gnocchis : faites cuire les pommes de terre au four sur du gros sel pendant 1 h 30 à 180 °C (th. 6). Lorsque les pommes de terre sont bien fondantes, prélevez et passez la pulpe au tamis fin. Incorporez l'œuf, la farine, la Maïzena et le parmesan.

3 – Faites des boules de gnocchis de 40 g environ et aplatissez-les. Farcissez les gnocchis avec 40 g de farce, puis refermez-les. Striez le dessus au couteau, puis réservez.

4 – Réalisez le jus de coquillages : mettez un peu de jus de lime dans le fond d'une grosse casserole, ajoutez le jus réservé précédemment. Toastez rapidement les graines d'anis, ajoutez le gingembre, la citronnelle. Mouillez avec le lait de coco et le jus de coquillages. Laissez réduire, ajoutez la

TOM MEYER

Purée de zist de cédrat

200 g de zist de cédrat (il s'agit de la peau blanche sous le zeste)

150 g de sucre

15 g de jus de citron

12 g de beurre

35 g de crème

Finition

Biseaux de fenouil

10 fleurs de soucis

Aneth

Fenouil bronze

Fleur de fenouil

pâte de curry, les zestes de lime et la coriandre vietnamienne. Laissez infuser 10 min à couvert, puis filtrez à nouveau. Ajoutez la gélatine de poisson et laissez prendre au frais.

5 – Préparez la purée de zist de cédrat : coupez grossièrement le zist, faites-le blanchir 4 fois, départ eau froide. Faites-le confire dans un sirop avec 50 cl d'eau et le sucre. Égouttez, puis mixez en incorporant le beurre et le jus de citron. Une fois le mélange bien lisse, ajoutez la crème. Passez au chinois étamine et réservez.

6 – Saisissez les gnocchis sur la plancha ou à la poêle avec un peu d'huile. Lorsque le dessous est bien croustillant, enfournez à 100 °C (th. 3-4) pendant 5 min à four vapeur (ou 8 min à four traditionnel). Dressez aussitôt et décorez à votre convenance d'aneth, de fenouil bronze et de fleurs de fenouil.

DÉBORAH MOLLARD & THIBAUD SCHOUTEN

Vous voulez voir la mer ? Allez au Sous-Sol ! Vous voulez découvrir les paysages bretons, respirer l'air frais de la lande, écouter les mouettes, plonger dans la campagne morbihannaise ? Alors, empruntez ce petit escalier qui vous amènera au sous-sol, dans cette salle intime et préservée au centre de Vannes. Le jeune couple qui a lancé cette table intimiste vous ouvre grandes les portes de la région.

Revenu au pays après quelques expériences dans de belles maisons, qui lui ont permis de définir au mieux ce que doit être une cuisine régionale aujourd'hui, le jeune chef Thibaud Schouten a axé son travail sur une recherche minutieuse des meilleurs produits, de la mer comme de la terre. Quotidiennement, il tente de nouvelles idées à la recherche du mariage heureux, puisant son inspiration dans ce Morbihan prodigue qui lui fournit notamment les herbes et plantes aromatiques dont il est si friand.

Tandis que Déborah Mollard, qui a aussi une formation en cuisine, anime la salle avec allant et empathie, les convives se laissent entraîner avec délices vers les compositions du moment, comme les langoustines fraîches, consommé réduit asperge blanche grillée et condiment asperge blanche-bourgeons d'épicéa, ou le poisson d'arrivage coulis de tétragone, petit épeautre, coques et sauce marinière...

En cave, la démarche est tout aussi rigoureuse. Ici, on boit propre et sain, et la recherche, dans cette Bretagne peu viticole mais très passionnée, s'étend à tous les vignobles avec la même acuité que pour choisir une huître ou un artichaut.

Le Sous-Sol — 13/20
15, place Maurice-Marchais – 56000 Vannes

FACILE

Déclinaison autour de la carotte

POUR 4 PERSONNES

Préparation : 25 min
Cuisson : 40 min
Repos : 6 jours

12 carottes fanes
10 cl de jus de carotte maison (ou acheté dans le commerce)
1 citron jaune (jus)
10 cl d'huile d'olive
3 g de gros sel
50 g de noisettes concassées
50 cl de crème 35%
1 c. à café de miel
20 g de beurre
Sel fin

1 – Les carottes lactofermentées : taillez 2 carottes à la mandoline ou au couteau assez finement, puis les mettre dans un bocal avec le gros sel (à raison de 22 g pour 1 kg). Mélangez bien et pressez dans le bocal. Laissez le tout à température ambiante pendant environ 6 jours.

2 – La mousseline : épluchez les carottes tout en conservant les fanes. Taillez 6 carottes en dés, puis mettez-les à cuire en casserole en les faisant suer au beurre avec un peu de sel. Recouvrez-les ensuite de crème, puis laissez cuire 30 min à feu doux. Mixez le tout en y ajoutant le jus d'un citron. Réservez au frais.

3 – Le pesto de fanes et le jus de carotte : lavez les fanes, puis mixez-les avec l'huile d'olive. Assaisonnez et réservez au frais. Si vous avez une centrifugeuse, centrifugez 2 carottes (à défaut, utilisez un jus de carotte acheté dans le commerce). Faites réduire le jus de carotte de moitié, puis réservez au frais.

4 – Les carottes rôties : dans une casserole ou une poêle, mettez 4 carottes avec un fond d'eau, une cuillerée de miel, une noix de beurre et un peu de sel. Recouvrez et laissez cuire 5 à 6 min. Ôtez le couvercle, puis laissez les carottes prendre de la coloration en faisant réduire le liquide.

5 – Dressage : déposez une cuillère de mousseline de carotte au centre de l'assiette, ajoutez les carottes rôties coupées en deux sur la mousseline. Parsemez votre plat de noisettes et de carottes fermentées. Versez le jus de carotte et le pesto de fanes autour. Décorez avec des fanes et autres herbes fraîches.

THIBAUD SCHOUTEN

ALESSANDRA MONTAGNE

Ils sont nombreux, les aficionados d'Alessandra, depuis la période Tempero, ce caboulot du 13e qui faisait courir tout Paris pour son rapport prix-plaisir, le plus exceptionnel de la capitale. Déjà, là-bas, la jeune cheffe brésilienne, qui avait fait ses premières armes parisiennes auprès d'Adeline Grattard à Yam'Tcha, et chez William Ledeuil à Ze Kitchen Galerie, montrait sa facilité à mixer les cultures et, surtout, à composer, sur des ingrédients réputés peu nobles, des merveilles de saveurs et de parfums.

Nosso, qui signifie « nôtre » en portugais, témoigne de cette envie de partage qui ne la quitte pas. Nosso, c'est aussi chez elle, dans ce coin du 13e peu riche en tables et garni de grands immeubles, du côté de la bibliothèque François-Mitterrand. Là encore, elle diffuse de la chaleur et de l'empathie, invente un monde, repeint le gris en auriverde.

Dans cette salle lumineuse au mobilier de bois clair, la vaste cuisine ouverte est un espace de solidarité pour travailler des produits locaux, offrir une cuisine écoresponsable, moderne et parfumée, dans laquelle tous les ingrédients sont utilisés. Ses spécialités sont toujours présentes, passerelles pleines d'esprit entre son Brésil natal et nos terroirs, mis intelligemment en harmonie, dont le fameux pão de queijo, sorte de gougère au tapioca et fromage.

Nosso — 13/20
22, promenade Claude-Lévi-Strauss – 75013 Paris

FACILE

Pão de queijo ou petit pain au fromage brésilien

POUR 30 PIÈCES

Préparation : 5 min
Cuisson : 20 min
Repos : 30 min

400 g de farine de manioc
1 œuf
1 yaourt nature
100 g de comté 12 mois
5 c. à soupe d'huile neutre
Sel fin

1 – Préparez la pâte : faites bouillir 10 c. à soupe d'eau avec l'huile et versez-la sur la farine. Ajoutez 1 c. à café de sel fin, 1 œuf, 1 yaourt nature et le comté râpé. Malaxez avec les mains et laissez reposer 30 min au réfrigérateur.

2 – Façonnez les petits pains : sortez la pâte et façonnez-la en petites boules de la taille d'une balle de ping-pong. Répartissez-les sur une plaque recouverte d'un papier cuisson.

3 – Cuisson : préchauffez le four à 180 °C (th. 6). Enfournez et laissez cuire 20 min. Bonne dégustation !

ALESSANDRA MONTAGNE

GRIBICHE
doodle

EMMANUELLE MOULIÉ & ALEXANDRE TESSIER

Quelle belle transmission, quelle jolie maison! Rien pourtant n'était évident. Prendre la suite de Catherine et Gérard Bossé, des figures angevines qui ont fait la vie gastronomique de la cité pendant trente-cinq ans, relevait nettement du challenge, même pour des pros comme Emmanuelle Moulié et Alexandre Tessier. Un an après le démarrage, on peut dire que la partie est gagnée. Il faut s'y prendre bien à l'avance pour trouver un coin de chaise dans ce bistrot d'aujourd'hui, fier de ses racines et de son passé.

L'ancien chef d'Au Goût du Jour et la cheffe pâtissière que l'on connut à la Bergerie de Champ-sur-Layon et aux Petits Prés, après un apprentissage à l'Auberge des Matfeux, n'ont surtout pas essayé de reproduire Une Île. La cuisine y est pourtant aussi personnelle, dans un mix tradi-moderne, à l'image de la fameuse tête de veau gribiche, réjouissante comme celle d'un bouchon, adroite et affûtée comme dans un gastro. On se régale du pâté croûte, incontournable, comme de la tourte de caille façon pithiviers, une manière savoureuse de réunir le cuisinier et la pâtissière.

À la fin de l'envoi, on touche les belles réalisations d'Emmanuelle Moulié, une pavlova, un paris-brest, un shortbread aux fraises et pistache… Et les vins, dans cette région prodigue, sont particulièrement bien choisis.

Gribiche — 13/20
9, rue Max-Richard – 49100 Angers

FACILE

Sauce gribiche

POUR 4 PERSONNES

Préparation : 10 min
Cuisson : 10 min
Repos : 1 h

1 c. à soupe de moutarde
4 œufs
100 g de cornichons
1 botte de persil plat
1 botte de cerfeuil
20 cl d'huile de pépins de raisin
1 c. à soupe de vinaigre
Sel et poivre

1 – Faites durcir les œufs et laissez-les refroidir.

2 – Au batteur, mélangez la moutarde, les jaunes d'œuf durs et froids, le sel, le poivre et le vinaigre. Incorporez l'huile petit à petit (comme une mayonnaise), réservez au froid.

3 – Dans un saladier à part, hachez les blancs d'œuf, les cornichons, les herbes puis liez avec le premier mélange. Laissez reposer 1 h avant de servir.

4 – Dressage : sur la photo, la sauce est servie avec des asperges d'Anjou, de l'anguille fumée de Loire et des œufs de truite.

Astuce du chef :

« Ici servie avec des asperges, la sauce gribiche se mange aussi bien avec de la tête de veau, des œufs durs, des légumes, etc. »

Corentin

CORENTIN OGOR & KLERVI TANNIOU

Au pied du phare d'Eckmühl, qui surveille l'océan depuis ses 65 m de hauteur, une discrète maison blanche : c'est le nid de Klervi Tanniou et Corentin Ogor, lauréats de la Dotation Gault&Millau, qui symbolisent façon « une chaumière, un cœur » la simplicité et la sincérité d'une pure auberge bretonne. Avant de s'installer dans cet ancien magasin de vêtements, Klervi et Corentin ont vu du pays : le jeune chef a travaillé à Bordeaux, à La Grande Maison et chez Gordon Ramsay, au Pressoir d'Argent, avant de faire un petit tour du monde, notamment en Asie et aux États-Unis, en Arizona.

Vous recherchez le « fait maison » ? C'est ici ! Tout en a le parfum, la déco, le sourire de Klervi, l'ambiance, comme chez soi, les assiettes de Corentin… Le chef musarde sur les chemins alentour pour remplir sa besace : les herbes qui se couchent sous le vent, les asperges de La Torche, la pêche du Guilvinec, les coquillages… Le registre est sans fioritures, mais non sans talent. Au-delà de la démarche largement partagée aujourd'hui du circuit court et de la cuisine locale, c'est un souffle, sain et naturel, qui se respire ici. Et la terrasse d'une vingtaine de couverts aide à gonfler ses poumons de cet air vivifiant.

Haut-Linage — 13/20

Place du Maréchal-Davout – 29760 Penmarch

INTERMÉDIAIRE

Saint-pierre, courgettes, noix de coco, coulis de persil & petits pois

POUR 4/6 PERSONNES

Préparation : 40 min
Cuisson : 45 min
Repos : 1 h

2 saint-pierre de 1 kg (comptez un filet pour 2 personnes)
1 kg de petits pois

Crème de courgettes vertes
1 kg de courgettes vertes
2 oignons
2 gousses d'ail
Huile d'olive
50 cl de crème liquide

Gel de noix de coco
25 cl de lait de coco
2,5 g d'agar-agar
10 g de gingembre
10 g de coriandre
1 c. à café de sauce soja
2 bottes de persil
25 cl de vin blanc

Dressage
Pluches de cerfeuil
Beurre demi-sel
Sel et poivre

1 – Levez les filets de saint-pierre ou demandez à votre poissonnier de le faire et réservez.

2 – Préparez la crème de courgettes : émincez les oignons, les gousses d'ail et les courgettes. Faites revenir l'oignon et l'ail dans l'huile d'olive, puis ajoutez les courgettes. Mouillez avec la crème liquide et de l'eau à hauteur. Faites bouillir 10 min. Passez les courgettes au chinois, il ne faut garder que la pulpe, mixez-la au blender. Assaisonnez avec du sel et poivre, débarrassez et laissez refroidir la crème de courgettes.

3 – Réalisez le gel de noix de coco : faites bouillir 25 cl de lait de coco, ajoutez le gingembre, la coriandre, la sauce soja et l'agar-agar. Faites bouillir le tout, passez au chinois et laissez refroidir. Une fois refroidie, mixez la gelée pour obtenir un gel.

4 – Préparez le coulis de persil : effeuillez le persil. Faites blanchir le persil dans l'eau bouillante, puis refroidir dans de l'eau glacée. Pressez le persil à la main afin d'enlever l'excédent d'eau. Mixez-le dans un blender avec 25 cl de vin blanc et 25 cl d'eau pendant 10 min. Filtrez le tout et ne récupérez que le jus. Pesez le jus et ajoutez 1% du poids en agar-agar. Faites bouillir le tout, passez au chinois et laissez refroidir. Une fois refroidie, mixez la gelée pour en obtenir un gel.

5 – Préparez les petits pois : écossez-les, faites-les blanchir dans de l'eau salée, puis refroidir dans une eau glacée. Réservez.

CORENTIN OGOR

6 – Dressage : faites cuire les filets de saint-pierre dans une poêle avec une noix de beurre. Dressez la crème de courgettes au milieu de l'assiette, ajoutez quelques points de gel de noix de coco et de coulis de persil, les petits pois et les pluches de cerfeuil. Déposez les filets de saint-pierre sur la crème de courgettes et servez.

MATTHIEU PASGRIMAUD

Le CV d'un cuisinier n'a pas besoin de ressembler à un catalogue des chemins de fer. Parfois, trois lignes suffisent. Si Daniel Boulud, Yannick Alléno et Arnaud Donckele figurent dans votre parcours professionnel, les portes s'ouvrent et Gault&Millau tend la fourchette. C'est ce qui a conduit Miguel et Vivien Bertho-Macé à faire confiance à Matthieu Pasgrimaud pour piloter la cuisine de cette « folie », belle gentilhommière néoclassique datant de 1825, comme l'indique le nom du restaurant. Dans ce lieu de détente, au milieu d'un parc de 5 hectares, le jeune chef est parfaitement à l'aise et s'épanouit au cœur des Mauges.

De beaux produits, un style à la fois moderne et chic, un goût pour des assiettes un peu canailles revues dans un esprit châtelain, il y a de la fantaisie et du toucher dans la cuisine de Matthieu. Ce qui ne l'empêche pas d'utiliser les ingrédients de prestige à bon escient, comme le caviar de Neuvic sur son pain de silure, ou de marier le lapin et l'anguille fumée.

Un premier titre de Jeune Talent pour le Gault&Millau Tour Centre-Val de Loire et Pays de la Loire est déjà venu récompenser ce talent naissant, avec les 2 premières toques posées sur la tête de ce trentenaire, qui devrait à coup sûr continuer à gravir les échelons.

Le 1825 – Château de la Brûlaire — 14/20
404 La Brûlaire – 49600 Beaupréau-en-Mauges

INTERMÉDIAIRE

Sardines grillées
chèvre frais, condiment au concombre bio, jus frappé

POUR 4 PERSONNES

Préparation : 50 min
Cuisson : 5 min
Repos : 3 h 30

Sardines marinées
- 8 sardines (de Saint-Gilles-Croix-de-Vie si possible)
- 20 g d'ail
- 20 g de gingembre
- 200 g d'huile d'olive
- 20 g de concombre frais

Cubes de chèvre frais
- 350 g de chèvre frais
- 17,5 cl de crème liquide
- 17,5 cl de lait entier
- 7 feuilles de gélatine
- 2 g de piment d'Espelette
- 7 g de sel
- Sarriette fraîche

Condiment concombre
- 1 concombre
- 10 g de gingembre
- 12 g de miel
- 12 g de jus de yuzu ou de citron
- 7 g de dashi ou de sauce soja
- 9 cl d'huile d'olive
- Sel et poivre

Rillettes de sardine
- 20 g de parures de sardine
- 40 g de crème liquide entière
- Vinaigre fumé (ou de xérès)
- Sel et poivre

1 – Préparez les sardines marinées : levez les filets de sardine. Réservez les parures pour les rillettes. À l'aide d'un chalumeau ou au barbecue, brûlez les filets (à défaut, vous pouvez utiliser une poêle antiadhésive sans matière grasse). Taillez en brunoise l'ail et le gingembre. Ajoutez les filets de sardine. Couvrez d'huile d'olive. Laissez infuser pendant 1 h 30 minimum. Taillez le concombre en brunoise. Réservez.

2 – Réalisez les cubes de chèvre frais : faites ramollir la gélatine dans un bol d'eau bien froide. Versez le lait, la crème et le sel dans une casserole. Portez à ébullition. Hors du feu, ajoutez la gélatine égouttée. Mélangez. Dans un grand bol, disposez le chèvre frais. Versez le mélange par-dessus. Ajoutez le piment. Mélangez à l'aide d'un fouet. Versez la préparation dans un grand plat recouvert de film alimentaire sur une épaisseur de 2 cm. Réservez au frais pendant 2 heures minimum.

3 – Préparez le condiment concombre : à l'aide d'une centrifugeuse, extraire 100 g de jus de concombre. Taillez le gingembre en brunoise. Dans une poêle chaude, faites suer le gingembre avec le miel. Hors du feu, ajoutez le jus de concombre, le yuzu et le dashi. Versez l'huile petit à petit. Vérifiez l'assaisonnement. Réservez au frais.

4 – Préparez les rillettes de sardine : dans une poêle, faites cuire les parures de sardine. Laissez-les refroidir et hachez-les finement. Passez la préparation au tamis afin d'obtenir une chair fine. Fouettez la crème afin d'obtenir une chantilly.

MATTHIEU PASGRIMAUD

Chips à l'encre de seiche
10 g de fécule de maïs
17 g de farine
9, 5 cl d'huile d'olive
5 g d'encre de seiche

Accords mets-vin :
Muscadet-sèvre-et-maine-sur-lie « La Petite Étoile », Château de la Ragotière, Les Frères Couillaud.

Mélangez ensemble la chair de sardine, la crème montée, le vinaigre, le sel et le poivre. Réservez au frais.

5 – Réalisez les chips à l'encre de seiche : mixez tous les éléments ensemble avec 13 cl d'eau ou de bouillon. Mettez le mélange dans une pipette ou une petite poche à douille. Dans une poêle antiadhésive, formez des ronds et laissez cuire pendant quelques minutes jusqu'à obtenir une chips. Débarrassez sur du papier absorbant.

6 – Dressage : coupez 16 cubes de chèvre de 2 cm de côté. Panez la partie supérieure de chacun avec de la sarriette fraîche hachée. Disposez-en 4 par assiette. Égouttez puis taillez les filets de sardine en deux. Disposez chaque morceau sur un cube de chèvre. Ajoutez un peu de brunoise de concombre, d'ail et de gingembre. Accompagnez de toasts de chips tartinés de rillettes de sardine. Servez avec le jus frais de concombre.

BENJAMIN PATISSIER

Voilà un véritable challenge ! Certes, l'établissement n'est pas nouveau, il est même un des symboles forts de la gastronomie vendéenne depuis des lustres. En revanche, l'arrivée d'un nouveau chef patron, après les quinze années où Thierry Drapeau a placé la barre très haut, relève bien d'une aventure toute neuve, d'un sang neuf apporté à cette superbe demeure classée du XVe siècle, inscrite dans la grande histoire des guerres de Vendée.

Benjamin Patissier n'est pas un inconnu du Guide Jaune et des fines gueules, ni un poussin sans ailes auquel on confierait un tel outil. Il n'arrive pas par hasard et si le département, propriétaire des lieux, lui fait confiance, c'est que les références et l'envie sont bien là. Meilleur ouvrier de France 2015, formé chez Pierre Gagnaire, Anne-Sophie Pic et Patrick Henriroux à la Pyramide, nous l'avons découvert réellement au Domaine de Fontenille, à Lauris, où il succédait à Jérôme Faure.

L'arrivée en Vendée n'est pour autant pas le fruit d'un parachutage incongru, puisque Benjamin Patissier se retrouve ainsi à moins d'une heure de sa ville natale, Nantes. Il connaît bien les produits locaux, traite aussi bien avec les éleveurs de canards de Challans qu'avec les pêcheurs de Saint-Gilles-Croix-de-Vie. Le logis de La Chabotterie avait besoin d'un grand chef. Il l'a trouvé, et Gault&Millau le récompense dès la première année, avec un titre de Grand de Demain 2022 pour les régions Pays de la Loire et Bretagne.

La Chabotterie — 14,5/20
Saint-Sulpice-le-Verdon – 85260 Montréverd

EXPERT

Artichaut barigoule
légumes à la fleur de tagète, consommé de crevettes grises

POUR 8 PERSONNES

Préparation : 50 min
Cuisson : 5 min
Repos : 3 h 30

Artichauts violets
8 artichauts violets
Le jus de 1 citron
8 g d'huile neutre
1 l de bouillon
5 g de sel

Artichauts camus
2 artichauts camus
Le jus de 1 citron
0,5 l de fond blanc ou de bouillon
1 oignon blanc
12 g d'agar-agar

Tuiles dentelles
30 g farine
15 cl d'eau
90 g d'huile de pépins de raisin
2 g de sel

Brunoise de légumes
1 courgette jaune
1 courgette verte
1 poivron rouge
1 poivron jaune
1 gousse d'ail frais
Huile neutre
½ botte de coriandre
Huile de coriandre
300 g de coriandre
1 l d'huile de pépins de raisin
Sel

1 – Préparez les artichauts violets (à farcir) : tournez* les artichauts, videz-les, réservez-les dans l'eau avec le jus de citron. Faites-les cuire dans un bouillon sous vide au four vapeur 45 min à 90 °C, ou dans 1 litre de bouillon dans une casserole.

2 – Préparez les artichauts camus (en purée) : tournez les artichauts, videz-les et coupez-les en morceaux. Ciselez l'oignon, faites-le suer, ajoutez les artichauts. Mouillez avec 20 cl de fond blanc ou de bouillon et le jus de citron. Assaisonnez, laissez cuire à couvert. Mixez et passez au chinois.

3 – Pour 700 g de purée d'artichaut, prenez 300 g de fond blanc ou de bouillon, 12 g d'agar-agar et 5 g de sel. Faites chauffer au Thermomix si vous en avez un, sinon dans une casserole, jusqu'à ébullition de la purée. Coulez sur une plaque en silicone (Silpat) sur une épaisseur de 1 cm. Une fois la préparation prise, découpez-y des palets à l'emporte-pièce. Réservez au frais, et chauffez au four vapeur à 70 °C au moment de servir.

4 – Préparez les tuiles dentelles : mélangez tous les ingrédients et mixez (au Bamix si vous en avez un). Dans une poêle chaude, faites cuire l'appareil dans des emporte-pièce ronds. Débarrassez lorsqu'il y a une légère coloration.

5 – Réalisez la brunoise de légumes : taillez en brunoise les courgettes et les poivrons, faites-les poêler puis ajoutez l'ail frais râpé et la coriandre hachée. Farcissez les artichauts violets.

BENJAMIN PATISSIER

Consommé de crevettes
500 g de crevettes grises
10 cl de cognac
1 petite boîte de concentré de tomates
Beurre

Dressage
Pousses de coriandre
Fleurs d'ail
Fleurs de tagète

6 – Préparez l'huile de coriandre : faites frire la coriandre dans 2 c. à s. d'huile à 150 °C, puis versez-la dans le reste d'huile froide. Ajoutez l'huile de cuisson refroidie. Mixez et passez au chinois. Vous pourrez utiliser le reste d'huile de coriandre pour agrémenter d'autres recettes savoureuses.

7 – Réalisez le consommé de crevettes grises : écrasez et concassez les crevettes grises au pilon. Faites-les colorer et faites pincer les sucs*, ajoutez la garniture aromatique, le concentré de tomates et le beurre. Flambez au cognac. Ajoutez 20 cl d'eau. Laissez cuire jusqu'à obtenir la consistance voulue. Passez au chinois étamine dans une chaussette. Et laissez infuser du gingembre et de la citronnelle dans le bouillon. Passez.

8 – Dressage : déposez au fond d'un bol un palet de purée d'artichaut et posez dessus l'artichaut farci. Recouvrez avec la tuile décorée de pousses de coriandre. Perlez le consommé avec l'huile de coriandre et servez à part.

le Cairn

ADRIEN POLLET

Lever de soleil sur les Aravis ! Charline Camazzola et Adrien Pollet ont repris l'an passé une petite adresse qui fonctionnait bien, Le Cabanon, pour ouvrir, ensemble, leur premier établissement. Avec leurs moyens, leur courage, leur volonté et surtout leur talent, ils ont déjà institué comme une petite routine gourmande pour tous les habitués du Grand-Bornand et de La Clusaz, les deux stations à peu près équidistantes du restaurant.

Adrien Pollet a d'ailleurs commencé à travailler au Cœur du Village, à La Clusaz, avant de passer au Prieuré de Jean-André Charial, à Villeneuve-lès-Avignon. Leur dernière expérience commune a sans doute été bénéfique pour porter leur projet : L'Auberge Sur Les Bois, à Annecy-le-Vieux, chez Daniel Baratier, leur a montré que l'on peut faire bien, solide et rigoureux dans l'assiette, mais détendu et naturel tout autour.

Bons produits, esprit sain et sourire, voilà ce qui caractérise cette jolie et nouvelle adresse où Adrien seul en cuisine, Charline seule en salle créent un climat de simple bonne humeur gourmande autour d'assiettes de saison : un foie gras délicat avec ses coings pochés aux baies roses, un bon gâteau de brochet et écrevisse avec sa crème au jus des têtes façon Nantua et topinambours, un aimable suprême de pintade avec sa sauce vin jaune et des gnocchis...

Le Cairn — 13/20
41, route de Thônes – 74450 Saint-Jean-de-Sixt

FACILE

Poireau, vinaigrette praliné & crumble de moutarde

POUR 6 PERSONNES

Préparation : 20 min
Cuisson : 50 min

4 gros poireaux
1,5 l de bouillon de pot-au-feu (ou, à défaut, une marmite d'eau salée)

Crumble de moutarde
100 g de beurre salé
50 g de farine
25 g de sucre
150 g de poudre de noisette
50 g de chapelure de pain
150 g de moutarde à l'ancienne

Vinaigrette praliné
150 g de praliné noisette
15 cl de vinaigre de cidre
10 cl d'huile de noisette
Sel

1 – Préparez les poireaux : retirez le vert des poireaux et lavez-les en évitant de les couper. Plongez-les dans le bouillon (ou l'eau salée) pour 30 min de cuisson à frémissement. À l'aide d'une écumoire, retirez les poireaux, égouttez-les et laissez-les refroidir sur un torchon propre.

2 – Préparez le crumble : préchauffez le four à 170 °C (th. 5-6). Dans un robot, mélangez le beurre salé ramolli, le sucre et la farine. Ajoutez la poudre de noisette, la chapelure et la moutarde. Mélangez jusqu'à l'obtention d'un mélange homogène. Émiettez sur une plaque et enfournez pendant 10 min. Sortez la plaque du four et, à l'aide d'une fourchette, émiettez le crumble. Enfournez de nouveau jusqu'à l'obtention d'une couleur dorée (environ 10 min), puis retirez du four et laissez refroidir.

3 – Préparez la vinaigrette : dans un bol, fouettez le praliné avec le vinaigre de cidre. Petit à petit, ajoutez l'huile de noisette et une pincée de sel.

4 – Dressage : coupez les poireaux et disposez-les dans un plat. Ajoutez généreusement la vinaigrette puis, au dernier moment, le crumble de moutarde.

ADRIEN POLLET

LA TABLE
Laurent

LAURENT PRAT

Voilà un projet qui ne s'est pas concrétisé par pur hasard. Laurent Prat portait son rêve en lui, s'installer dans son pays, après avoir été formé chez Michel Sarran et avoir connu de bien belles cambuses, chez Jacques Chibois, à la Bastide Saint-Antoine, et chez Bocuse, avant de passer aux Jardins de l'Opéra et au Genty Magre. Il lui fallait être chez lui, à un quart d'heure de Toulouse, et la Dotation Gault&Millau a pu l'aider à se réaliser.

Car Laurent Prat a tout du cuisinier : le savoir et la technique, certes, mais aussi l'âme et le cœur, ce supplément de poudre de perlimpinpin dont il sait couvrir chaque assiette pour s'approprier un produit, une recette. Un peu d'ail noir ici, de cacahuète là, un petit gel safrané et fenouil confit sur un filet de rouget, et voilà un plat senti, goûté, exubérant de parfum et de finesse.

Sa cuisine en mouvement s'exerce dans ce coin charmant proche de Port Sud sur le canal du Midi, avec une toute jeune équipe qui suit et accompagne cette recherche du bon produit mis en valeur, dans l'assiette comme dans les verres, avec la jolie cave animée par le sommelier Stephane Leick. Les 2 premières toques se sont déjà posées sur la table de Laurent en attendant d'autres succès.

La Table de Laurent — 13/20
28, rue Jacques-Prévert – 31520 Ramonville-Saint-Agne

FACILE

Langoustine snackée
& sa bisque, potimarron, praliné noisette, citron confit

POUR 4 PERSONNES

Préparation : 50 min
Cuisson : 1 h 25

12 langoustines françaises 16/20
1 citron vert
1 potimarron
2 oignons
200 g de beurre
50 g de praliné noisette Valrhona
1 citron confit au sel de Menton
2 carottes
50 g de concentré de tomates
15 cl de cognac (ou armagnac)
2 étoiles de badiane
250 cl de crème
250 cl de lait
20 g de lard de Colonnata
20 g de noisettes
2 gousses d'ail
Huile d'olive
Sel

1 – Décortiquez les langoustines en gardant juste la queue, gardez les carcasses pour la bisque, réservez au frais.

2 – Préparez la bisque : faites suer les carcasses avec du beurre, faites-les bien colorer, ajoutez les carottes épluchées et émincées, puis 1 oignon émincé, l'ail, faites suer à nouveau. Ajoutez le concentré de tomates, laissez cuire légèrement. Mettez le cognac, faites flamber, puis ajoutez la badiane. Mouillez avec de l'eau à hauteur des carcasses, laissez cuire 20 min doucement, ajoutez la crème et le lait, faites réduire légèrement et mixez à l'aide d'un mixeur plongeant, passez au chinois ou à la passette. Rectifiez l'assaisonnement.

3 – Faites une purée de potimarron : coupez en morceau la moitié du potimarron, émincez un demi-oignon, faites suer doucement le tout avec un peu de beurre et ajoutez un peu d'eau, laissez cuire 15 min, jusqu'à évaporation de l'eau, mixez le tout jusqu'à ce que la purée soit bien lisse. Rectifiez l'assaisonnement.

4 – Préparez les quartiers de potimarron rôtis : détaillez 4 quartiers dans le demi-potimarron restant, salez et faites cuire à la plancha (ou à la poêle) avec un peu d'huile d'olive. Terminez la cuisson au four à 180 °C (th. 6) après avoir coloré les deux côtés.

5 – Dressage : faites colorer à la plancha (ou à la poêle) les langoustines sur une seule face, salez, cuisson nacrée (légèrement translucide), ajoutez le zeste de citron vert dessus. Déposez la purée

LAURENT PRAT

de potimarron dans l'assiette, un quartier de potimarron rôti, 3 langoustines, un copeau de lard de Colonnata, quelques morceaux de citron confit au sel de Menton, 3 points de praliné de noisettes, quelques noisettes concassées sur le dessus et versez la bisque tout autour.

VINCENT & NATALI PRÉMORVAN

Comment faire évoluer les institutions ? Ce n'est pas seulement une question posée à des politiques ou à des candidats aux élections. Au moment de reprendre le vénérable Chalut, l'une des tables les plus renommées de la cité corsaire, Vincent Prémorvan et son épouse ont dû beaucoup réfléchir. En une trentaine d'années, Jean-Philippe Foucat en avait fait ce phare incontournable de l'intramuros malouin vers lequel les touristes égarés se dirigeaient avec l'assurance d'un repas marin fidèle et équitable.

Vincent et Natali Prémorvan ont l'avantage de bien connaître la Bretagne de l'Armor, pour avoir exercé plusieurs années à Paimpol, puis à Perros-Guirec, à l'Agapa. Le chef, formé auprès de très grands (Éric Frechon époque Verrière, Christian Constant, au Crillon, et même Michel Del Burgo), a pris le pari et l'a déjà largement gagné. Ce n'est plus le Chalut, mais « Méson Chalut » et, derrière ce titre malicieux, une appropriation et la marque d'une nouvelle identité.

Si l'aquarium-vivier est encore là pour un petit rappel de nostalgie, la salle a reçu un vrai coup de jeune et la cuisine, ouvertement militante, utilise des ressources bio et locales pour la quasi-totalité des produits, pêche durable et respect de la saisonnalité.

Méson Chalut — 14/20

8, rue de la Corne-de-Cerf – 35400 Saint-Malo

INTERMÉDIAIRE

Saint-pierre de ligne, asperges blanches fleur de capucine

POUR 4 PERSONNES

Préparation : 50 min

Préparation : 40 min

Cuisson : 40 min

4 filets de saint-pierre

8 asperges blanches calibre 22/32 (du pays Bigouden si possible)

40 cl de bouillon de volaille

100 g de beurre

4 fleurs de capucine

8 g de curry

1 c. à soupe d'huile d'olive

Fleur de sel

Poivre du moulin

1 – Préparez les asperges : épluchez les asperges jusqu'à ce que l'ongle pénètre dans l'asperge. Conserver les pelures. Saupoudrez les asperges de curry et déposez quelques lamelles de beurre dessus. Faites cuire au four préalablement préchauffé à 160 °C pendant 20 à 30 min. Pour vérifier la cuisson, piquez l'asperge à l'aide de la pointe d'un couteau. Celle-ci doit rentrer facilement. Récupérez le beurre de cuisson.

2 – Réalisez le jus au curry : faites cuire les pelures d'asperges dans une casserole avec 35 cl d'eau pendant 30 min. Mixez l'ensemble pendant 5 min jusqu'à obtenir une crème. Passez la crème au chinois et faites réduire le jus. Montez/mixez ce jus au beurre frais et au beurre de cuisson des asperges préalablement récupéré. Réservez.

3 – Préparez le jus de volaille : montez/mixez le bouillon de volaille au beurre.

4 – Préparez le poisson : badigeonnez au pinceau le saint-pierre des deux côtés avec l'huile d'olive et faites cuire uniquement côté peau dans une poêle chaude. Terminez la cuisson avec une noisette de beurre. Assaisonnez de sel et poivre.

5 – Dressage : coupez les asperges en deux dans la longueur puis la largeur. Dressez sur l'assiette, nappez avec le jus au curry, puis le jus de volaille. Déposez le saint-pierre et la fleur de capucine.

VINCENT PRÉMORVAN

FLORIAN PUGLIA & JULIE VERDRENNE

Pour un peu, les Bordelais reprendraient bien le bac de Royan en masse pour aller voir ce qui se trame du côté de Saujon. Le meilleur chemin pour aller voir les parcs à huîtres et les moules de Mornac-sur-Seudre et de Marennes avant d'aller faire un tour sur l'île d'Oléron...

Car, aujourd'hui, l'étape incontournable, c'est cette jolie maison arrangée chic avec ses tables en bois massif et clair, ouvrant sur une terrasse abritée de parasols. Julie Verdrenne a largué ses études à Sciences Po Toulouse pour un CAP cuisine, avant de s'orienter vers la sommellerie et le métier de la salle.

Florian Puglia affiche une belle carte de visite, par ses passages au Pont de l'Ouysse de Stéphane Chambon, aux côtés de Jean-Luc Rabanel, le prince arlésien du végétal, et les jeunes chefs brillants de la périphérie toulousaine, comme Jérémy Morin à l'Aparté ou Nicolas Thomas à La Promenade.

La cuisine est donc engagée, locale (les légumes viennent d'ici et le terroir est très riche, avec le sel, les fruits de mer, les volailles, les œufs...), et le chef sait mettre en avant ses producteurs à travers des assiettes simples d'apparence et très bien travaillées, associant pomme de terre et coquillage, pêche du jour carotte et sarrasin, pigeon, maïs et prune. Concession à la rareté et au luxe, mais cohérente, une mise en avant de l'esturgeon d'Aquitaine avec un menu caviar.

Roselières — 12/20
Place Richelieu – 17600 Saujon

INTERMÉDIAIRE

Chou-fleur salicorne & café

POUR 6 PERSONNES

Préparation : 40 min
Cuisson : 32 min
Repos : 2 h

2 choux-fleurs moyens (soit environ 1,5 kg)
200 g de salicorne fraîche
60 cl de crème liquide 35%
2 feuilles de gélatine (4 g)
1 échalote
5 cl d'huile de caméline bio
40 cl de lait
20 g de café en grain
8 g de gros sel
Le zeste de 1 citron jaune
Sel et poivre

1 – Les sommités de chou-fleur : conservez environ 50 g de jolies sommités de chou-fleur. Faites bouillir de l'eau dans une casserole et plongez-y les sommités pendant environ 1 min 30 afin de les blanchir. Plongez-les ensuite dans un récipient rempli d'eau froide et de glaçons pour arrêter rapidement la cuisson.

2 – La semoule de chou-fleur et salicorne : enlevez les feuilles de chou-fleur. Retirez le cœur de l'un d'eux. À l'aide d'un hachoir ou d'un blender, mixez 150 g de chou-fleur jusqu'à obtenir une texture « semoule ». Réservez. Taillez finement la salicorne. Mélangez 150 g de salicorne taillée avec la semoule de chou-fleur. Assaisonnez avec sel et poivre, zeste de citron jaune et l'huile de caméline.

3 – La bavaroise de chou-fleur : dans une casserole, mettez ensemble 500 g de chou-fleur, 20 cl de lait, le gros sel et 20 cl de crème liquide. Faites cuire à court-bouillon jusqu'à obtenir une consistance de purée. Mixez au robot afin d'obtenir un appareil lisse. Rectifiez l'assaisonnement à votre guise. Dans de l'eau glacée, faites ramollir les feuilles de gélatine. Prélevez 50 g de purée de chou-fleur chaude et ajoutez la gélatine ramollie. Mélangez bien, puis mélangez ensemble les deux purées de chou-fleur. Laissez refroidir. Montez en chantilly 20 cl de crème liquide froide. Ajoutez délicatement, à la maryse, cette crème montée à la purée de chou-fleur assemblée. Rectifiez l'assaisonnement si besoin. Laissez prendre au réfrigérateur au minimum 2 h.

FLORIAN PUGLIA

4 – L'émulsion café : dans une casserole, mettez ensemble les grains de café, 20 cl de lait et 20 cl de crème. Portez à ébullition. Hors du feu, filmez votre casserole et laissez infuser environ 1 h. Passez au chinois, salez, poivrez et réservez.

5 – Montage : disposez votre emporte-pièce rond dans l'assiette. Mettez-y 2 c. à soupe de semoule de chou-fleur et salicorne. À l'aide d'une cuillère à glace (ou d'une cuillère à soupe), disposez une boule (ou une quenelle) de bavaroise de chou-fleur au centre de la semoule. Décorez de salicorne fraîche tout autour. Avec une râpe (ou une Microplane), râpez du chou-fleur frais afin d'obtenir un effet neige. Au moment du service, faites tiédir de nouveau l'émulsion café. Mixez au mixeur plongeant jusqu'à l'obtention d'une mousse. À table, versez généreusement l'émulsion sur le chou-fleur salicorne avant de déguster.

FÉLIX & NIDTA ROBERT

Depuis quelques années, les projecteurs sont braqués sur la région lilloise. Dans le sillage des pionniers d'une nouvelle cuisine, plus détendue, mais aussi plus attachée à la production locale, les jeunes chefs trouvent le terrain idéal pour s'exprimer. Arborescence, c'est d'abord l'histoire d'une rencontre, professionnelle et personnelle, entre Nidta et Félix Robert, qui partagent la même vision du métier de restaurateur.

Nidta a grandi en Thaïlande, dans une vaste exploitation fruitière, avant de franchir les océans pour intégrer le lycée hôtelier du Touquet, où elle croise Félix, pour le meilleur. Les deux jeunes gens s'avouent une passion commune pour les fruits et les légumes. Ils passent six ans chez Alexandre Gauthier, où Félix occupe le poste de sous-chef après y être rentré comme chef pâtissier (*« une expérience déterminante pour nous »*, confient-ils). Ils rejoignent ensuite la famille Troisgros, à Ouches. Déjà, le projet de s'installer ensemble a mûri et, fin mai 2022, ils ouvrent leur propre restaurant dans un ancien château textile, réhabilité, décoré et réaménagé par François Muracciole et Alice Munk.

Dans cet espace à la fois moderne, zen et chaleureux, le couple propose une cuisine libre, fusionnant adroitement les influences thaïes et flandriennes, s'amusant à marier la langoustine et le riz torréfié, osant le crabe avec une sauce maturée, associant la caille au tamarin, dans des assiettes marquées par l'élégance et la précision.

Arborescence — 15/20
76, rue de la Gare – 59170 Croix

EXPERT

Merveilleux marin

POUR 4 PERSONNES

Préparation : 40 min
Cuisson : 45 min

4 huîtres charnues n° 1 ou 2
20 cl de crème liquide
25 g de laitue de mer salée
15 cl d'eau minérale
1 citron
50 g de riz long thaï
150 g de salicornes en brunoise
80 g de beurre
4 branches de céleri
1 feuille de gélatine
Chocolat noir 100%
Le jus de 1 citron jaune
Sciure de bois
Huile de friture

Astuce des chefs :

« Nous recommandons le chocolat 100% République dominicaine. À la fois profond et fruité, il laisse sa trace en fin de bouche après l'huître. »

1 – Riz surcuit : faites cuire le riz à l'eau (3 volumes d'eau pour 1 volume de riz) jusqu'à surcuisson et absorption de l'eau.

2 – Crème fumée : versez 5 cl de crème dans un récipient plat, placez dans un four éteint. Brûlez la sciure, mettez au four et laissez fumer porte fermée pendant 20 min.

3 – Algues : mixez la laitue de mer avec l'eau minérale, puis passez au chinois en récupérant le jus et la fibre. Montez le jus au beurre et jus de citron.

4 – Chips de riz aux algues : mélangez le riz surcuit à la fibre de laitue de mer. Étalez l'appareil en ovales et mettre au four à 100 °C (th. 3-4) jusqu'à ce qu'ils soient croustillants comme des chips. Au moment du dressage, faites frire les chips à 190 °C.

5 – Mousse marine : ouvrez les huîtres et pochez-les dans leur jus, légèrement. Récupérez 7,5 cl de jus d'huître et mélangez-le à la crème fumée, ajoutez 2,5 cl de jus d'huître et la feuille de gélatine. Faites chauffer légèrement et ajoutez du jus de citron. Mettez en siphon au réfrigérateur.

6 – Crème au céleri : faites réduire au tiers le restant de crème et mixez-la avec les feuilles de céleri. Assaisonnez et réservez.

7 – Dressage : disposez une huître pochée sur l'assiette. Versez la mousse marine et parsemez de fins copeaux de chocolat. Déposez la salicorne dans le fond de la coquille nettoyée. Versez le jus monté au beurre et émulsionné. Déposez des points de crème au céleri sur la chips d'algue. Placez des herbes ou fleurs blanches sur les points et refermez avec la chips. Servez l'assiette et la coquille en même temps.

GUILLAUME ROGET

La nouvelle vague basque, c'est lui, le spot à ne pas manquer sur la côte atlantique, c'est Ekaitza, qui annonce autant de sensations fortes que de délices cachés.

Guillaume Roget n'a pas démarré immédiatement en cuisine. Natif de Barcus, du côté de Chez Chilo, il a débuté chez Ibarboure avant d'être sommelier du Chez Ruffet, à Jurançon, à la grande époque de Stéphane Carrade. Petit à petit, Guillaume s'oriente vers la cuisine. Un passage au Château de Brindos et une première belle aventure à Hendaye, à La Cabane du Pêcheur, puis c'est la révélation au Brouillarta, à Saint-Jean-de-Luz, entré comme second, chef au bout d'un an.

Avec Ekaitza, on change encore de braquet. Le chef est chez lui, pilote et responsable, les mains sur le piano, un œil sur la salle. Car il faut tout contrôler, et sa formation de sommelier l'aide à boucler la boucle, y compris bien sûr à la cave, savamment entretenue pour coller à cette cuisine très inspirée, libre et imaginative. L'ancien rugbyman aux muscles tatoués démontre qu'il sait entraîner son pack vers le meilleur. Comment voudriez-vous arrêter la tempête (« ekaitza », en basque) ?

Ekaitza — 14,5/20
15, quai Maurice-Ravel – 64500 Ciboure

EXPERT

Foie chaud de canard
langoustine, fenouil fumé, orange & gingembre confit

POUR 6 PERSONNES

Préparation : 1 h 30
Cuisson : 3 h 30
Fumage : 24 h
Repos : 3 h

1 lobe de foie gras frais de canard (de la ferme Uhartia Barcus)
4 langoustines (calibre 10/15)
2 bulbes de fenouil
Branches de sapin pour le fumage

Gingembre confit
100 g de gingembre
300 g de sucre

Condiment orange
300 g de zestes d'orange
120 g de zestes de citron
80 cl de jus d'orange
10 cl de jus de citron
300 g de sucre

Bisque de langoustine
½ échalote
1 carotte
¼ d'oignon
10 g de céleri-rave
10 g de céleri-branche
10 g vert de poireau
5 g d'ail
½ orange
1 tige de citronnelle
1 feuille de lime
10 g de concentré de tomates
2 cl d'armagnac

1 – Découpez 4 belles escalopes dans le lobe de foie gras. Réservez entre 0 et 1 °C. Décortiquez les langoustines et enveloppez-les dans un linge. Laissez reposer 3 h entre 0 et 1 °C. Réserver les têtes et les carapaces pour la bisque de langoustine.

2 – Le fenouil fumé : nettoyez le fenouil et retirez les premières feuilles. Réservez les chutes pour la bisque. Enfournez-les à 170 °C (th. 5-6) pendant 35 min en prenant soin de les arroser régulièrement d'huile d'olive. Fumez 1 nuit dans un fumoir avec des branches de sapin.

3 – Le gingembre confit : taillez le gingembre en fines lamelles. Réservez les chutes pour la bisque. Plongez dans un sirop (300 g de sucre pour 40 cl d'eau). Montez à ébullition 10 min et laissez refroidir à température ambiante. Renouvelez l'opération 3 fois.

4 – Le condiment orange : faites blanchir 3 fois les zestes dans 3 eaux différentes. Faites cuire 40 min à frémissement dans une 4e eau. Mixez avec les jus et le sucre.

5 – La bisque de langoustine : faites saisir les carcasses de langoustines à l'huile d'olive jusqu'à ce qu'elles prennent une couleur rouge vif. Ajoutez le concentré de tomates. Laissez cuire et ajoutez la garniture aromatique (sans l'orange et les chutes de gingembre) et faites suer. Déglacez et flambez à l'armagnac. Mouillez au vin blanc et faites réduire de moitié. Mouillez à l'eau à hauteur et ajoutez l'orange et le gingembre. Laissez cuire 1 h en dépouillant* régulièrement. Passez à la passoire, puis au chinois

GUILLAUME ROGET

10 cl de vin blanc
20 cl de crème liquide
20 g de beurre
Huile de noisette
Sel et poivre

Astuce du chef:

« Si vous ne disposez pas de fumoir, vous pouvez utiliser une cloche à fumer. Il est également possible de colorer le fenouil au barbecue. »

étamine. Faites réduire le bouillon de moitié, crémez, montez au beurre. Rectifiez l'assaisonnement avec du vinaigre de xérès et une pointe d'huile de noisette.

6 – Faites saisir les escalopes de foie gras jusqu'à obtenir une belle coloration. Laissez reposer 5 min et « flashez » au four à 200 °C, 1 min avant de dresser.

7 – Faites cuire les langoustines à l'unilatéral. Elles doivent rester translucides. Faites colorer le fenouil fumé avec un peu d'huile d'olive.

8 – Dressage : dans une assiette plate, dressez uniformément l'escalope de foie gras et la langoustine. Déposez le fenouil et agrémentez-le de gingembre confit. Dressez quelques points de condiment orange, quelques feuilles de tagète et versez généreusement la bisque de langoustine.

MATHIEU ROSTAING-TAYARD

Il avait laissé les Lyonnais un peu malheureux en quittant son Café Sillon de l'avenue Jean-Jaurès il y a quelques années, mais il est revenu tracer un Micro Sillon, avec sa sommelière Joanna Figuet, au pied de la Croix-Rousse l'an passé. En faisant coup double avec cette ouverture à Biarritz, Mathieu Rostaing-Tayard a creusé un peu plus le sillon d'une cuisine sans complexe ni œillères, la cuisine qui lui correspond, faite de savoir et d'imagination, adaptant le produit à ses envies.

Car si l'on applaudit facilement ceux qui clament « le produit, le produit, le produit ! », il faut se souvenir que la cuisine consiste, entre autres, à travailler des ingrédients pour révéler leur nature profonde et créer des harmonies. Et cela, l'ancien chef qui s'était révélé au 126 de la rue de Sèze ne l'oublie jamais.

Dans ce lieu bien arrangé, sobre et gai, simple et chic, qui ouvre l'appétit dans un esprit festif, son complice en salle, Jean-Christophe Bourgeot, communique cette vibration du plaisir d'être en accord avec son époque, de participer, sinon à une révolution culinaire, du moins, dans son approche et sa philosophie, à un mouvement durable d'une restauration placée dans le sillon du progrès.

Sillon — 14/20
4, rue Jean-Bart – 64200 Biarritz

FACILE

Pissaladière

POUR 8 PERSONNES

Préparation : 25 min
Cuisson : 15 min
Repos : 27 h

Pâte au levain
250 g de farine
135 ml d'eau
2 g de levure
37 g de levain
7 g de sel fin
5 g de sucre
20 cl d'huile d'olive

Garniture
Une dizaine d'anchois fumés de Getaria
Colatura (essence d'anchois)
5 oignons rouges
Huile d'olive
Feuilles de laurier
Ail des ours
2 c. à soupe de semoule de blé dur

Dressage
Une dizaine de tranches ventrèche de cochon (du Pays basque)
Fleurs de thym

1 – Préparez la pâte au levain : pétrissez ensemble tous les ingrédients (sauf l'huile d'olive), puis ajoutez l'huile d'olive en filet. Laissez la pâte reposer à température ambiante pendant 3 h. Effectuez un rabat*, puis placez la pâte au réfrigérateur pendant 24 h.

2 – Préparez les oignons : pelez, émincez et faites suer les oignons rouges à l'huile d'olive avec du laurier, sans coloration. Assaisonnez à la colatura en fin de cuisson. Égouttez les oignons et réservez au frais. Faites réduire le jus de cuisson.

3 – Badigeonnez de l'huile d'olive (pour éviter que les feuilles accrochent) sur une plaque en Inox, posez à plat les feuilles d'ail des ours. Faites-les colorer rapidement au chalumeau.

4 – Abaissez* la pâte le plus finement possible avec de la semoule de blé dur. Étalez une fine couche d'oignons cuits sur la pâte. Enfournez dans un four à 230 °C (th. 7-8) et laissez cuire 6 à 8 min sur une plaque.

5 – Dressage : taillez de fines parts de pissaladière. Déposez une demi-cuillerée de jus d'oignon réduit, un anchois fumé de Getaria, une feuille d'ail des ours, une fine tranche de ventrèche de cochon et des fleurs de thym.

MATHIEU ROSTAING-TAYARD

Romain Roullier

ROMAIN ROULLIER

Cette élégante maison balnéaire a été joliment restylée par la famille Ruello, qui investit avec réussite dans l'hôtellerie-restauration grâce à une entente prolifique avec le duo magique du George V, Christian Le Squer et Éric Beaumard. Après la gare de Rennes et Rosmadec Le Moulin, à Pont-Aven, voilà la digue de Paramé et la plage du Sillon, à Saint-Malo.

Aux manettes des fourneaux, le choix s'est porté sur Romain Roullier. Ce Manceau est passé chez Olivier Boussard, au Beaulieu, dans sa ville natale, avant de découvrir Cannes et La Palme d'Or de Christian Sinicropi, entre autres expériences de grandes maisons. Il est désormais libre, face à la mer, affirmant sa préférence et son tempérament avec une cuisine axée sur le naturel, le végétal et, bien sûr, le marin.

La Bretagne est dans l'assiette et chaque séquence apporte son marché, sa cueillette, sa pêche de saison : les saint-jacques, qui l'inspirent, comme les langoustines en ravioles ou le merlu, bien épais, avec son caviar d'aubergine et ses chips d'artichaut, autre marqueur régional fort.

Ar Iniz — 13/20
8, boulevard Hébert – 35400 Saint-Malo

INTERMÉDIAIRE

Ceviche de maquereau, radis croquant & crispy de blé noir

POUR 4 PERSONNES

Préparation : 50 min
Cuisson : 30 min
Repos : 1 h 20

4 maquereaux de 150-200 g
1 kg de gros sel
100 g de sucre
20 g de poivre de Timut
20 g de feuilles d'estragon

Marinade pour le ceviche
3 cl de jus de citron vert
5 cl de jus de yuzu
2 cl de sauce soja non sucrée
1 gousse d'ail hachée
2 g de poivre mignonnette*
14 cl d'huile de pépins de raisin
9 cl d'huile d'olive
4 citrons verts (zestes)

Crispy de blé noir
115 g de farine de blé noir
5 g de gros sel
1 œuf
Beurre

Dressage
Croûtons de pain colorés au beurre clarifié*
Éclats de citron vert
Câpres coupées en 2
Pousses d'aneth
Copeaux de radis red meat
Salicorne
Groseilles

1 – Levez les filets de maquereaux, ôtez les arêtes (ou demandez à votre poissonnier) et couvrez-les du mélange gros sel, sucre, poivre et estragon pendant 20 min, puis rincez à l'eau claire. Réservez.

2 – Une fois les filets bien secs, brûlez à la flamme la peau des filets afin d'apporter de la croustillance, tout en gardant le poisson cru, puis les taillez en 3 tronçons par filet. Préparez la marinade en mélangeant tous les ingrédients dans un récipient avec de la glace, un peu de fleur de sel et un tour de moulin à poivre. Recouvrez-en le poisson. Laissez mariner 1 h.

3 – Préparez le crispy de blé noir (galette de sarrasin cuite) : préparez une pâte à galette en mélangeant la farine, l'œuf et le sel avec 35 cl d'eau. Faites cuire les galettes dans une poêle chaude beurrée. Une fois les galettes de sarrasin cuites, taillez-les en julienne et séchez-les au four à 100 °C (th. 3-4) pendant 15 min.

4 – Confectionnez la vinaigrette : dans un mixer, mettez le jaune d'œuf, le jus et le sel, mixez, puis émulsionnez en incorporant l'huile.

5 – Dressez sur une assiette plate les tronçons de maquereaux, le crispy de blé noir, les croûtons, les câpres et les éclats de citron, puis les copeaux de radis taillés

ROMAIN ROULLIER

Vinaigrette yuzu et groseilles
½ jaune d'œuf
7 cl de jus citron yuzu
30 g de purée de groseilles
2,5 cl d'huile de pépins de raisin
Sel

finement à la mandoline. Terminez avec quelques feuilles d'aneth, le zeste de citron et des pousses de salicorne et quelques groseilles. Versez la vinaigrette au moment de servir.

Il était une
Il était une fois...

JOAN & JULIE SAMPIETRO

Deuxième essai et nouveau coup de maître pour Joan Sampietro, jeune chef discret et volontaire qui, dans les vieux quartiers aixois, avait réussi à marquer sa clientèle avec une bonne cuisine du marché.

La version sisteronaise d'Il était une fois est un nouveau conte qui commence bien. Huit ans après avoir écrit la première page de son histoire, notre Jeune Talent 2014 récidive. Celui que l'on avait d'abord connu à la Bastide de Cabriès effectue ici un véritable retour aux sources, puisqu'il fut élève à l'École hôtelière de Sisteron, avant de travailler chez Jany Gleize, à Château-Arnoux. Il a fait du chemin : sa cuisine provençale, pleine de caractère, avec des traits de personnalité marqués et une bonne vision de ce qu'attend le public, s'est très bien adaptée aux Alpes-de-Haute-Provence, à cette fraîcheur naturelle dans la capitale de l'agneau.

Dans ce cadre propice qu'était celui du Bar Henri, le cuisinier s'épanouit, avec sérieux et maîtrise, mais toujours avec ce zeste de fantaisie qui le caractérise. La maison a du cachet, la terrasse constituant un point névralgique pour toute la ville. Joan et Julie Sampietro en ont fait un nouveau havre gourmand, à partir de produits locaux et de vins provenant de toute la région, issue en réalité d'une cave déjà forgée en grande partie à Aix-en-Provence. Il était une fois... un fil rouge.

Il était une fois — 12/20
39, avenue Paul-Arène – 04200 Sisteron

FACILE

Royale d'asperges, poulpe en vinaigrette vierge & jambon paleta

POUR 6 PERSONNES

Préparation : 40 min
Cuisson : 3 h 15
Repos : 3 h 40

Royale d'asperges
25 cl de crème
25 cl de lait
125 g de mascarpone
3 feuilles de gélatine
100 g d'asperges vertes
Sel et poivre

Poulpe
1,5 kg de poulpe cru

Vinaigrette vierge
½ courgette
1 carotte
1 échalote
½ fenouil
10 tomates cerises
Huile d'olive
Sel et poivre

Dressage
Paleta ibérique (ou jambon cru classique) en copeaux
Feuilles de mesclun

1 – Préparez la royale d'asperges : dans un récipient d'eau très froide, faites ramollir les feuilles de gélatine. Dans une casserole, portez à frémissement le lait et la crème. Pendant ce temps, lavez et épluchez les asperges. Gardez les épluchures, mettez-les dans le lait et la crème lorsque le mélange est bien chaud. Laissez infuser 20 min environ, puis retirez les épluchures d'asperges. Incorporez le mascarpone dans le mélange lait et crème et mixez le tout. Incorporez ensuite la gélatine ramollie et égouttée et mélangez bien. Pour accentuer la couleur, vous pouvez ajouter quelques gouttes de colorant alimentaire vert. Versez la préparation dans des ramequins et réservez au frais pendant au minimum 3 h. Dans une grosse casserole d'eau bouillante, faites cuire les asperges environ 8 min. Laissez refroidir et réservez au frais.

2 – Préparez le poulpe : faites cuire le poulpe dans un bouillon aromatique pendant environ 3 h. Nettoyez-le en enlevant entièrement la peau. Cela devrait être très facile, juste en passant les doigts. Si ce n'est pas le cas, continuez la cuisson un moment.

3 – Préparez la vinaigrette vierge : coupez les ingrédients en fine brunoise, ajouter l'huile d'olive et assaisonnez. Réservez pour que les légumes infusent.

4 – Dressage : prenez votre ramequin avec la royale d'asperges. Déposez un tentacule de poulpe, les asperges en morceaux, la vinaigrette vierge, les copeaux de paleta (ou de jambon cru). Vous pouvez ajouter quelques feuilles de mesclun pour la déco.

JOAN SAMPIETRO

REGAIN

BENJAMIN SANCHEZ

Thomas Rolland et Benjamin Sanchez se sont connus À La Piscine, ce haut lieu de la jeunesse lyonnaise, et ont monté ensemble ce projet dans le quartier le plus propice de la ville, entre Terreaux et La Martinière, sur la presqu'île. Thomas donne le tempo à la salle, Benjamin, qui est passé chez David Toutain au temps d'Agapé Substance et au café Sillon de Mathieu Rostaing-Tayard, donne celui de la cuisine.

Et comme dans le roman de Giono, ils font pousser l'herbe là où elle n'était plus, les parfums méditerranéens en prime, dans une cuisine à la fois végétale, iodée, ensoleillée, mais avant tout une cuisine de très bons produits, à l'image de ces belles viandes de la ferme de Clavisy, cochon ou agneau.

La démarche est claire, le résultat est un bouillonnement de jeunesse et d'empathie. La salle n'est pas immense, mais chacun à son poste joue la partition juste. Et les deux amis ont eu la chance de faire venir à bord Lolita Chevreau, jeune sommelière experte qui apporte ce regain de passion viticole s'ajoutant aux attraits du lieu, ce qui lui a permis de rafler, dès la première année, un trophée Sommelier au Gault&Millau Tour 2022 en Auvergne-Rhône-Alpes.

De l'énergie, de la bonne humeur, les bonnes ondes traversent cette salle un peu vintage et hyper cosy où les idées fusent et où les essais sont transformés, apportant dès cette année une deuxième toque.

Regain — 13/20
3, rue d'Algérie – 69001 Lyon

INTERMÉDIAIRE

Thon « steak haché frite »

POUR 4 PERSONNES

Préparation : 50 min
Cuisson : 45 min
Repos : 4 h

Artichauts à la juive
4 artichauts violets
Huile d'olive

Steak de thon
300 g longe de thon sans peau
2 échalotes
Beurre

Sauce barbecue
Huile d'olive
Sauce Worcestershire
Sel et poivre

Béarnaise
4 échalotes
30 cl de vin blanc
10 cl vinaigre de cidre
4 jaunes d'œuf (75 g)
100 g de beurre clarifié*
¼ de botte de menthe

Jaune d'œuf pickles
100 g de sucre
20 cl de vinaigre
4 jaunes d'œuf

Dressage
Fleur de sel
Huile d'olive
Lamelles d'artichaut crues
Jus de citron

1 – Préparez le jaune d'œuf pickles : réalisez la solution pour pickles en portant à ébullition le sucre, le vinaigre et 30 cl d'eau. Laissez refroidir. Dans chacune des 4 tasses à café, plongez un jaune d'œuf dans un fond de solution pour pickles. Laissez mariner 4 h.

2 – Préparez les artichauts à la juive : tournez* les artichauts en gardant la queue et en enlevant les feuilles les plus dures. Faites-les frire une première fois dans l'huile d'olive à 150 °C jusqu'à ce qu'ils soient cuits. Épongez sur un papier absorbant. Au moment de servir, ouvrez délicatement la fleur et plongez-la de nouveau dans un bain d'huile d'olive mais cette fois-ci à 190 °C et pendant environ 2 min (jusqu'à ce que les pétales de la fleur d'artichaut soient croustillants). Égouttez et salez.

3 – Préparez le steak de thon : faites suer les échalotes ciselées dans un peu de beurre. Réservez et laissez refroidir. Prélevez 100 g de parties « brunes » du thon. Mixez au robot avec un peu de sauce barbecue, une cuillerée à soupe d'huile d'olive, salez et poivrez. Cet appareil servira de liant. Coupez en fine brunoise 200 g de chair de thon. Mélangez avec l'appareil précédent et les échalotes. Façonnez 4 steaks hachés.

4 – Préparez la béarnaise : réalisez une gastrique* avec les échalotes ciselées, le vin blanc et le vinaigre de cidre. Faites réduire jusqu'à l'obtention de 10 cl de liquide. Sur feu très doux, faites cuire en émulsionnant avec un fouet les jaunes d'œuf et la gastrique*. Une fois l'émulsion prise, incorporez le beurre fondu comme pour monter une mayonnaise. Réservez au chaud et faites infuser la menthe fraîche. Une fois la menthe suffisamment infusée, filtrez la préparation au chinois étamine.

5 – Dressage : déposez au fond de l'assiette une cuillère à soupe de béarnaise. Déposez dessus une fleur d'artichaut après en avoir ôté la queue à l'aide de ciseaux. Assaisonnez avec de la fleur de sel. Au centre de l'artichaut, déposez le jaune d'œuf pickles. Déposez ensuite le steak haché après l'avoir poêlé très rapidement sur ses deux faces avec un trait d'huile d'olive. Finissez de dresser avec quelques lamelles d'artichaut crues et taillées à l'aide d'une mandoline et simplement assaisonnées d'un trait de citron et d'huile d'olive.

Ghost

GUILLAUME SANCHEZ

Quand Guillaume Sanchez dépoussière la brasserie parisienne, cela crée naturellement un petit vent de fraîcheur. Certes, les codes y sont bien respectés, dans la carte comme dans les assiettes, mais on ne peut pas attendre du bouillonnant chef de Neso qu'il reste sagement le doigt sur la couture du pantalon sans apporter ce petit grain de folie et de jeunesse qui vous transforme la ritournelle en heavy metal.

Cet ancien cabaret de la rive gauche est donc devenu Silencio des Prés, du nom du groupe déjà aux commandes du très privé Silencio Club de la rue Montmartre (rive droite, donc), inspiré et accompagné par David Lynch (c'est le nom du bar dans le film *Mulholland Drive*), également attenant à une salle de cinéma. Le chef y déploie une carte selon ses valeurs – produits bien sourcés, éthique irréprochable, fermentations bien utilisées –, pour des plats à consonance classique et à exécution moderne : tartare de thon rouge shiso rouge et fraise fermentée, lieu noir boudin noir radis noir purée de pommes de terre pour suivre une séquence façon Jeanne Mas, saucisse de porc kintoa et purée pour se reposer, saint-honoré caramel pour s'adoucir.

Le lieu s'anime au fil de la soirée, la musique devient un peu plus présente, la clientèle s'agite davantage et Silencio, en restant toujours chic, se fait un peu moins silencieux…

Silencio des Prés — 12/20

22, rue Guillaume-Apollinaire – 75006 Paris

INTERMÉDIAIRE

Volaille
aux écrevisses

POUR 4 PERSONNES

Préparation : 1 h
Cuisson : 5 h 30
Repos : 35 min

1 volaille jaune
1 carcasse de volaille
20 écrevisses
200 g de bisque de homard
30 cl de bouillon de volaille
40 g de beurre
3 oignons
3 gousses d'ail
150 g de chou kale
100 g de chou de Bruxelles
Thym
Laurier
Sel et poivre
Huile d'olive

1 – Préparez le jus de volaille : épluchez et découpez l'ail et les oignons. Dans une grande casserole, faites colorer à l'huile d'olive la carcasse de la volaille en ayant pris soin de séparer tous les os, ajoutez 1 oignon et 1 gousse d'ail, puis mouillez à hauteur avec de l'eau. Faites cuire 2 h environ, jusqu'à réduire le liquide de moitié. Filtrez et ajoutez le bouillon de volaille, puis faites réduire jusqu'à l'obtention d'un jus lié.

2 – Préparez le jus d'écrevisses : décortiquez les écrevisses à cru, réservez-les au froid. Avec les carapaces, faites un jus comme avec la volaille, avec 1 oignon et 1 gousse d'ail, couvrez à hauteur, faites cuire 2 h et réduire de moitié. Ajoutez la bisque de homard. Faites de nouveau réduire de moitié.

3 – Faites cuire la volaille : enfournez à 120 °C (th. 4) et faites cuire la volaille avec 1 gousse d'ail, 1 oignon, le thym et le laurier pendant 35 min. Sortez-la du four et laissez-la reposer pendant 35 min.

4 – Mélanger le jus de volaille au jus d'écrevisses.

5 – Préparez les choux : à la poêle, faites tomber* le chou kale et les choux de Bruxelles, déglacez avec une partie du jus de volaille et d'écrevisses.

6 – Détaillez la volaille et faites-la colorer à la plancha ou dans une poêle en l'arrosant d'une partie du jus de volaille et d'écrevisses.

7 – Finition : déposez dans une cocotte les morceaux de volaille colorés, les choux, les écrevisses crues et arrosez du reste de jus de volaille et d'écrevisses préalablement réchauffé. Finissez la cuisson au four à 160 °C (th. 5-6) pendant 10 min.

STAUB

LIQUIDE

JARVIS SCOTT

« Tomate, katsuobushi, garum d'anchois », « bonite, bortsch, cerise, livèche », « carrelet, sucrine, basilic », « tomahawk de cochon, pois chiche, carotte fumée, yorkshire » (*« On ne va quand même pas manger un petit chien ? »* s'inquiète ma voisine). Vous suivez ? Il vaut mieux, car c'est toute l'armada de la mode qui défile sur ce podium Liquide et légèrement incandescent, tel un métal en fusion.

Liquide, c'est encore un de ces lieux où l'expérience est globale. À la place de l'ancien Racines 2, on s'immerge dans ce décor incroyable, que l'on peut effectivement nommer, comme dans le dossier de presse, une « taverne moderne ». On commence par un petit cocktail de la même manière que l'on boirait un philtre envoûtant pour plonger dans l'ambiance. Puis on se laisse faire.

Matthias Marc, le brillant chef de Substance, a mis les assiettes en place. Ensuite, l'écurie Manigold (Substance, Contraste, Granite) a placé l'un de ses poulains au piano et à la batterie pour soutenir le rythme. C'est Jarvis Scott (« Top Chef » saison 12, CV de général napoléonien, Alain Passard, Dutournier, Albert Adria...) qui libère les ondes bénéfiques où les fermentations, dans l'assiette comme dans les verres, ont évidemment le beau rôle.

Liquide — 13,5/20
39, rue de L'Arbre-Sec – 75001 Paris

FACILE

Moules à la crème 2.0

POUR 2 PERSONNES

Préparation : 30 min
Cuisson : 1 h 10

500 g de moules
50 cl de crème
15 g de gingembre
15 g de citronnelle
10 g de pâte de curry
10 g de feuilles de combava
2 échalotes
1 fenouil
1 botte d'estragon
20 cl d'huile neutre
15 g de hareng fumé
10 g de sucre
2 cl de vinaigre blanc

Dressage
Pousses de tagettes

1 – Ouvrez les moules à la vapeur : placez-les dans un panier au-dessus d'une casserole d'eau bouillante pendant 6 à 10 min.

2 – Préparez la sauce : faites suer les échalotes, ajoutez le gingembre et la citronnelle émincés, mouillez à la crème, ajoutez la pâte de curry et les feuilles de combava. Laissez mijoter 45 min, puis passer au chinois.

3 – Réalisez les pickles fenouil : taillez ½ fenouil en brunoise, recouvrez d'un mélange eau (30 cl), sucre et vinaigre préalablement porté à ébullition.

4 – Préparez la salade fenouil : taillez très finement l'autre partie du fenouil à la mandoline.

5 – Taillez le hareng fumé en petits morceaux.

6 – Pour l'huile d'estragon : faites chauffer l'huile neutre à 50 °C et ajoutez l'estragon, passez au papier tork (essuie-tout professionnel) ou dans un filtre à café.

7 – Dressage : mélangez les moules, les pickles et le hareng. Servez au milieu d'une assiette creuse, versez la sauce tout autour, puis l'huile d'estragon. Déposez la salade de fenouil par-dessus les moules, puis décorez de pousses de tagettes.

JARVIS SCOTT

MANOJ SHARMA

Il a souvent travaillé, et très bien, pour les autres, au Desi Road ou chez Akrame. Le voilà chez lui, et c'est évidemment un coup de maître. Reprenant l'ancien Café Runtz, près des Grands-Boulevards, Manoj Sharma peut désormais exprimer tout son savoir-faire de la cuisine indienne traditionnelle. Formé dans son pays d'origine auprès du groupe de palaces Oberoi, il passe huit ans à Londres, à côtoyer nombre de confrères, avant d'arriver à Paris en 2014. Au Jugaad (concept hindi qui équivaut à notre « système D »), il peut initier les convives à un voyage tout en parfums subtils et en découvertes.

Sans œillères – les ingrédients viennent de France, d'Italie, d'Angleterre ou d'ailleurs –, il travaille des recettes ancestrales remises au goût de l'époque, en utilisant des tandoors traditionnels, que l'on peut admirer dans la cuisine ouverte, mais aussi une Robata japonaise pour les grillades. Le poulet fermier des grands-mères devient « Old Delhi », mariné, aux oignons rouges et aux herbes fraîches ; le tartare de veau se pare de légumes croquants et d'épices inédits, disposé dans une galette de blé souple à partager avec raffinement ; le saumon devient mariné, paré de salicornes, yaourt au curry et crème de cardamome ; l'houmous libanais se transporte grâce au curry et les différents naans sont de véritables délices pour accompagner tout le repas.

Jugaad — 13/20
16, rue Favart – 75002 Paris

FACILE

Macher Paturi, daurade enveloppée dans une feuille de bananier

POUR 4 PERSONNES

Préparation : 30 min
Cuisson : 20 min
Repos : 30 min

La première marinade
4 filets de dorade
½ c. à café de curcuma en poudre
½ c. à café de sel
½ citron vert (jus)

La pâte d'épices
50 g de graines de moutarde noire ensachées pendant la nuit
1 c. à café de curcuma
1 jus de citron
1 morceau de piment vert
100 g de noix de coco râpée
2 c. à soupe d'huile végétale
1 ½ c. à café de sel
1 c. à café de sucre
2 c. à soupe de yaourt

Le yaourt au curry
150 g de yaourt
½ c. à café de graines de moutarde
10 feuilles de curry
1 c. à café de sucre
1 c. à soupe d'huile
½ c. à café de curcuma
Sel

L'emballage
1 grande feuille de banane
2 brins de feuilles d'aneth
2 brins de feuilles de coriandre

1 - Faites mariner la dorade avec la poudre de curcuma, le sel et le jus de citron vert et laissez reposer 30 min.

2 - Préparez la pâte d'épices pour faire mariner le poisson : mettez tous les ingrédients dans un robot culinaire et mélangez pour obtenir une pâte lisse, en ajoutant un peu d'eau si nécessaire.

3 - Préparez le yaourt au curry : faites chauffer l'huile dans la poêle ; une fois chaude, ajoutez les graines de moutarde et les feuilles de curry. Hors du feu, ajoutez le curcuma et mélangez bien. Une fois qu'elle est refroidie, mélangez la pâte avec du yaourt et assaisonnez avec du sel et du sucre.

4 - Réalisez l'emballage : faites chauffer les feuilles de bananier dans une poêle chaude ou au micro-ondes jusqu'à ce qu'elles soient tendres et malléables. Couvrez les filets de dorade avec la pâte d'épices et mettez les herbes fraîches dans le ventre du poisson. Enveloppez-les un à un avec les feuilles de bananier et réservez.

5 - Cuisson et dressage : faites chauffer de l'huile dans une poêle à fond épais. Déposez-y les filets de dorade enveloppés dans des feuilles de bananier. Couvrez et faites cuire des deux côtés à feu doux 3 à 5 min de chaque côté. Retirez la feuille et servez avec le yaourt au curry.

Paroles de chef:

« Cette méthode d'enrobage du poisson avec une marinade intense d'épices et de cuisson dans une feuille de bananier est une méthode de cuisson traditionnelle au Bengale occidental. La feuille protège la marinade des brûlures et scelle les saveurs à l'intérieur en gardant le poisson humide. »

ÉLOI SPINNLER

Voilà un chef qui n'a pas qu'une tête de jeune premier, mais bel et bien une tête fort bien faite. Bien faite, car il s'est parfaitement entouré pour mener à bien son projet un peu dingue. De Martin Pellet et Youssef Chraibi, cofondateurs de La Brasserie Fondamentale (LBF), pour le business, de Studio Avenir, pour l'identité graphique, et de Friedmann & Versace, pour la décoration intérieure, pleine de fantaisie. Bien faite, parce qu'il a su imaginer et aller au bout d'un concept novateur qui tend vers le zéro déchet.

Deux ambiances, deux tables : l'une d'esprit bistrot, l'autre plus gastro, pensée comme un speakeasy planqué derrière une porte miroir – et offrant une vue directe sur la cuisine et la petite équipe d'Eloi Spinnler ; l'une alimentant l'autre par un habile jeu de ping-pong et permettant de réduire le gaspillage. Bien faite, parce qu'il a une vision très précise de l'avenir et ne semble donner aucune limite à ses ambitions.

Mais n'allez surtout pas l'imaginer pécher par orgueil. Il garde dans son assiette toute l'humilité nécessaire pour marquer quelques bons points. N'hésitant pas à réinterpréter le pithiviers, montrant là sa parfaite maîtrise technique ; twistant de banales *croquetas*, revampant une purée de pommes de terre, cuisinant les épluchures, réalisant ses propres condiments, ralentissant les cuissons… Il conçoit une cuisine vertueuse, maligne, habile, confiante et résolument engagée.

Orgueil — 12/20
6, rue Popincourt – 75011 Paris

EXPERT

Pithiviers

POUR 12 PERSONNES

Préparation : 3 h
Cuisson : 6 h

6 pigeons de 600 g
300 g de foie gras
100 g de pousses d'épinard
300 g de pâte feuilletée
2 jaunes d'œuf

Farce
1 poulet fermier
20 g d'estragon
20 g de persil
120 g de poitrine fumée
1 œuf

Jus
Les carcasses des volailles
1 oignon
1 carotte
1 tête d'ail
3 branches de thym
1 feuille de laurier

1 – Préparez les pigeons au foie gras : levez les filets de pigeon, gardez les cuisses pour la farce. Colorez les filets sur la peau. Coupez le foie gras en petits blocs, placez-les sur les filets de pigeon et réservez au congélateur. Faites confire les cuisses de pigeon dans une casserole pendant 3 h à 95 °C dans un peu de gras de volailles, puis effilochez-les.

2 – Réalisez la farce : désossez complètement le poulet, gardez les carcasses pour le jus. Passez au hachoir les cuisses et suprêmes de volaille, les abats de volaille et les abats de pigeon. Ciselez le persil et l'estragon, puis mélangez-les avec l'effiloché, les cuisses de volaille et les abats. Assaisonnez et liez avec un œuf.

3 – Préparez le jus de viande : faites colorer en séchant les os à 180 °C (th. 6) pendant 45 min au four. Ajoutez quelques légumes ou du bouillon de légumes et faites cuire pendant 3 h au four à 130 °C (th. 4-5). Passez la base du jus et faites-la réduire à feu doux jusqu'à une consistance nappante.

4 – Montage : faites une tombée d'épinards, juste cuits dans du beurre et réservez. Étalez la pâte feuilletée, placez les filets de pigeon au foie gras à intervalles réguliers sur la pâte. Répartissez la tombée d'épinards sur le foie gras. Masquez l'ensemble avec la farce, puis refermez avec un cercle de pâte légèrement plus large. Dorez au jaune d'œuf, réservez au frais, dorez à nouveau avant cuisson.

5 – Cuisson et dressage : faites cuire 9 min dans un four à 220 °C (th. 6-7), puis tranchez le pithiviers et servez-le avec le jus de viande.

ÉLOI SPINNLER

VINCENT STAFRACH

Ce petit village de la banlieue de Dax a bien de la chance. On y venait juste visiter une église romane, et on y trouve désormais une curiosité gastronomique. Animée avec talent par Bernie et Vincent, aussi inséparables au quotidien que sur l'enseigne, cette auberge moderne et vivante évoquant la typique table de copains.

Il faut néanmoins dépasser le concept, car il y a en cuisine un vrai travail et un vrai chef. Vincent Stafrach s'est formé chez Didier Oudill, à Grenade-sur-l'Adour, et celui qui fut premier lieutenant de Michel Guérard lui a sans doute livré bien des secrets. Il passe ensuite par de belles maisons, dont le Château de Brindos, à Anglet, et un titre de maître restaurateur garantit le sérieux de la démarche.

S'ajoute la première toque, obtenue dès l'apparition dans le guide, et un commentaire favorable qui met en lumière la qualité de la présentation et la justesse des saveurs, comme la bonne utilisation des produits locaux : foie gras de canard au naturel et chutney de rhubarbe, pavé de merlu et asperges blanches des Landes, « gigo 'thym » des Pyrénées grenailles carottes fanes et pois gourmands. Une carte directe et éloquente qui n'oublie pas de solides bases classiques.

Bernie & Vincent — 12/20

377, rue du Bourg – 40180 Oeyreluy

FACILE

Mousse au chocolat « Caraïbe » au caramel

POUR 6 PERSONNES

Préparation : 15 min

Cuisson : 5 min

450 g de chocolat « Caraïbe » Valrhona

950 g de crème fraîche

255 g de crème fleurette 35% MG

130 g de sucre semoule

9 jaunes d'œuf

1 – Réalisez un caramel : dans une poêle, faites chauffer le sucre à sec, jusqu'à obtenir un caramel moussant. Faites décuire* ce caramel en y ajoutant la crème fleurette.

2 – Versez progressivement ce mélange sur les jaunes d'œuf, remuez. Faites cuire le tout aux alentours de 82/84 °C, à la nappe*, comme pour une crème anglaise.

3 – Réalisez l'émulsion chocolat-caramel : versez progressivement la crème au caramel encore chaude sur le chocolat haché et réalisez une émulsion avec ces deux ingrédients.

4 – Montez la crème fraîche, en la fouettant au batteur, jusqu'à ce qu'elle soit mousseuse.

5 – Stabilisez l'émulsion chocolat-caramel en ajoutant une petite partie de la crème montée mousseuse. Vérifiez que la température du mélange se situe entre 40 et 45 °C et incorporez le restant de crème montée mousseuse.

Conseil du chef :

« Vous pouvez décliner cette recette pour différents desserts. Celle-ci a été réalisée pour remplir des dômes chocolat. Vous pouvez la verser dans des ramequins pour les déguster en mousse en toute simplicité. »

VINCENT STAFRACH

ARNAUD TABAREC

Il est comme ça, Arnaud Tabarec. Au téléphone, en face de vous ou dans sa cuisine : direct, franc, chaud. Pas le temps pour la tergiversation et les fioritures. Son restaurant s'appelle Beam!, et Toulon est en effervescence depuis qu'il s'est installé. Un nom breton, une origine bourguignonne, les deux bras abondamment tatoués – pour le reste, on ne sait pas –, le chef incarne, par sa cuisine de partage et de vérité, la symbolique du Télégraphe, ce beau bâtiment Second Empire du centre-ville qui fut au XIXe siècle la première poste de Toulon.

Dans l'atmosphère décalée d'une salle ouverte à la manière d'un grand café-cantine, et comme inspirée par Le Corbusier, le chef se laisse guider par le marché de saison. Avec un bagage technique de champion (Maison Lameloise, à Chagny ; Gilles Goujon, à L'Auberge du Vieux Puits, à Fontjoncouse ; Emmanuel Stroobant, au Saint Pierre, à Singapour...), Arnaud raconte la Provence et la Méditerranée comme personne. La fraîcheur des légumes de printemps, les poissons de roche, les viandes et volailles de ses copains éleveurs, tout fait sens et plaisir dans une démarche durable et qualitative. Il a connu les palaces, les tapis rouges cannois (huit ans au Sea Sens), les paillettes. Aujourd'hui, il recherche le naturel, le goût originel, le produit juste à maturité, travaillé par un chef inspiré.

Beam! — 13/20
2, rue Hippolyte-Duprat – 83000 Toulon

FACILE

Velouté de céleri
& brioche façon pain perdu

POUR 4 PERSONNES

Préparation : 15 min
Cuisson : 25 min

2 céleris-raves
2 tranches épaisses de brioche sans gluten
4 tranches de lard
1 citron (zeste)
1 cl de crème fraîche de chèvre, de brebis ou de crème végétale
50 g de cerneaux de noix
Huile de noix
Huile d'olive
Fleur de sel
Poivre du moulin

1 – Réalisez le velouté : épluchez les céleris-raves, coupez-les en quartiers et faites-les cuire 20 min à la vapeur au Vitaliseur de Marion (adaptez le temps de cuisson si vous utilisez une cocotte). Mixez-les avec la crème. Assaisonnez de fleur de sel et de poivre à votre goût, et réservez au chaud.

2 – Préparez la brioche : coupez la brioche en gros bâtonnets. Faites-les revenir dans l'huile d'olive dans une poêle antiadhésive. Colorez toutes les faces et assaisonnez de fleur de sel et de poivre du moulin.

3 – Taillez les tranches de lard en pétales, placez-les sur les bâtonnets de brioche encore chauds.

4 – Dressage : versez le velouté dans des assiettes creuses. À l'aide d'une râpe, zestez le citron sur le dessus. Accompagnez le velouté de bâtonnets de brioche, entourez de quelques cerneaux de noix, et décorez le tout de quelques gouttes d'huile de noix.

ARNAUD TABAREC

TOM TRUY-COURTIES

Il faut savoir la dénicher cette auberge picarde située au nord de l'aéroport de Beauvais. Heureusement, depuis quelques mois, un bruit de casserole court dans la campagne et parvient jusqu'à la capitale pour signaler cette maison typique et rénovée, qui a gardé sa tomette ancienne, ses poutres et sa cheminée vénérable.

Cet établissement, c'est aussi une aventure de copains : Marie, Tom, Valentin et Manon se connaissent depuis longtemps, et le projet commun, c'est un challenge qu'ils relèvent ensemble. Tom Truy-Courties, le chef, n'est pas un inconnu pour Gault&Millau. Passé à La Laiterie, puis profitant du tremplin offert à Bloempot chez Florent Ladeyn, il est devenu en 2018 le chef de la célébrissime pâtisserie lilloise Méert, un poste qu'il a occupé durant quatre ans.

Avec ses équipiers, il propose une cuisine en phase avec son époque et ses envies, la créativité se nourrissant des légumes de saison et des herbes du jardin, dans des assiettes déjà proches des 2 toques. Comme le montrent brillamment la tarte fine de homard bleu, fèves du potager, sabayon et salicornes ou la pièce de Salers du pré d'Esky, poireaux primeurs croustillants pralinés moutarde et jus corsé.

Auberge de Monceaux — 12,5/20
1, rue du Maréchal-Leclerc
60860 Saint-Omer-en-Chaussée

INTERMÉDIAIRE

Pavlova à l'oseille, pomme goldrush & meringue fine

POUR 6 PERSONNES

Préparation : 30 min
Cuisson : 2 h

Sorbet vert
120 g d'oseille verte (ou autres herbes vertes)
40 cl d'eau
10 cl de vinaigre de cidre
1 c. à soupe de jus de citron
150 g de sucre ou vergeoise

Meringue
8 blancs d'œuf
220 g de sucre
220 g de sucre glace

Chantilly (facultatif, mais plus gourmand)
15 cl crème liquide 30%
10 g de crème fraîche
30 g de sucre
(ou 20 cl de crème fraîche)

Dressage
2 pommes goldrush (ou autres pommes à croquer)
Le jus de 1 citron

Astuce du chef :
« La chantilly peut tout simplement être remplacée par une bonne crème fraîche de ferme, crue ou pasteurisée. »

1 – Réalisez le sorbet vert : mixez tous les éléments ensemble afin d'obtenir une préparation lisse, sans morceaux, puis faites-la figer au congélateur. Le sorbet est réalisable sans sorbetière : il convient de remixer le tout préalablement congelé en petits morceaux au mixeur jusqu'à obtenir une texture homogène pour la faire reprendre 1 h au congélateur.

2 – Réalisez la meringue plate : montez les blancs au batteur (ou au fouet selon votre motivation). Une fois qu'ils sont mousseux, ajoutez le sucre en 3 fois jusqu'à obtenir une texture lisse et blanche, puis incorporez délicatement, en plusieurs fois, le sucre glace, avec une spatule. Étalez la meringue sur une feuille à pâtisserie à l'aide d'une spatule plate. Laissez sécher 2 h au four traditionnel à 90 °C (th. 3) en chaleur tournante.

3 – Réalisez la chantilly : versez les deux crèmes dans un bol et commencez à fouetter au robot batteur (ou à la main, à l'aide d'un fouet). Lorsque la crème commence à monter, incorporez le sucre en pluie. Une fois la chantilly bien montée, réservez au frais.

4 – Dressage : mettez la chantilly en poche à douille et faites un beau dôme dans le fond de l'assiette. Mélangez le sorbet, partiellement pris au congélateur, et réalisez une quenelle de sorbet (avec une cuillère chaude) sur la chantilly. Cassez la meringue en morceaux et disposez-les autour du sorbet. Ajoutez des copeaux de pomme à cru légèrement citronnés. Si vous avez des pousses ou des petites fleurs comestibles, c'est le moment de vous en servir.

TOM TRUY-COURTIES

GEORGIANA VIOU

Georgiana Viou voit Rouge, et tout le monde a envie de la suivre. Tour à tour solaire, enthousiaste, émouvante, cette cuisinière autodidacte ne semble avoir ni limites, ni barrières, ni préjugés. Son goût se manifeste dans des compositions uniques, qu'elle imagine de manière intuitive et qu'elle réalise selon sa vision et sa maîtrise des saveurs. Sa cuisine mêle les terroirs, les cultures, passant de Marseille à l'Asie, du Languedoc à l'Afrique dans une farandole festive dont on ne se lasse jamais.

Cela fait un moment que Gault&Millau s'intéresse à Georgiana Viou. Nous l'avions repérée à Marseille – elle a notamment travaillé chez Lionel Lévy –, avant qu'elle n'ouvre son Chez Georgiana, rue de la Paix-Marcel-Paul, d'où jaillirent les premières étincelles. Nous l'avons suivie à La Piscine, avec Florent Manaudou, puis au cap Corse, avant de la voir rayonner, rouge vif, rouge feu dans la cité romaine.

Depuis sa naissance à Cotonou, au Bénin, Georgiana Viou a eu mille vies. Elle s'est passionnée pour de nombreux projets et en a réalisé beaucoup, mais elle a trouvé dans l'art culinaire une façon d'exprimer sa riche personnalité. Dans ce lieu magique et plein de charme, un hôtel particulier classé, avec un patio arboré où l'on dîne les soirs d'été, le voyage est tapissé de fleurs, de parfums et d'épices, toujours nouveau, mystérieux et envoûtant.

Rouge – Margaret Hôtel Chouleur — 14,5/20
6, rue Fresque – 30000 Nîmes

INTERMÉDIAIRE

Maquereau
& pickles de betterave fermentés

POUR 6 PERSONNES

Préparation : 40 min

Cuisson : 1 h

Repos : 3 h

600 g de filets de maquereau

1 c. à soupe de fleur de sel

1 c. à soupe de sucre de canne

1 c. à soupe de piment d'Espelette

2 belles betteraves rouges cuites

1 dizaine de framboises

2 citrons confits

Herbes fraîches

Huile d'olive

Poivre du moulin

Bouillon

Les arêtes de maquereaux

1 oignon piqué de 2 clous de girofle

2 verts de poireau

1 brin de thym

1 feuille de laurier

½ tige de citronnelle

1 c. à soupe de pâte de miso d'orge

1 – Préparez les maquereaux : nettoyez et levez les filets des maquereau ou demandez à votre poissonnier de le faire. Réservez les arêtes.

2 – Préparez le bouillon : mettez tous les ingrédients dans une casserole, à l'exception du miso. Mouillez à hauteur avec 2 l d'eau. Portez à ébullition. Baissez le feu et écumez. Laissez cuire à petit bouillon pendant environ 30 min. Passez au chinois. Ajoutez le miso et laissez infuser 30 min. Rectifiez l'assaisonnement et réservez.

3 – Faites cuire les maquereaux : posez les filets de maquereau côté peau sur une plaque. Saupoudrez une pincée de fleur de sel, de sucre et de piment d'Espelette sur les filets (attention à ne pas avoir la main lourde sinon le poisson sera trop salé). Retournez les filets et faites de même côté peau. Laissez les chairs se raffermir plusieurs heures.

4 – Pendant ce temps, détaillez les betteraves en quartiers pas trop épais. Comptez-en 5 par personne. Mixez ou écrasez les citrons confits au mortier jusqu'à l'obtention d'une pâte. Découpez les framboises en rondelles.

5 – Dressage : taillez les filets de maquereau sur environ 1 cm dans la largeur et grillez au chalumeau côté peau. Dans une assiette creuse, disposez le poisson et les betteraves de façon harmonieuse. Déposez des points de pâte de citron sur chaque morceau de maquereau. Terminez par les framboises et quelques herbes. Au moment de déguster, versez le bouillon bien chaud dessus.

GEORGIANA VIOU

INDEX DES VILLES

INDEX DES RESTAURANTS

INDEX DES CHEFS (& CO)

INDEX DES RECETTES

GLOSSAIRE

A5
Désigne le top de la viande. La lettre définit le rendement (A : supérieur à la moyenne, B : moyen, C : inférieur à la moyenne). La qualité de la viande évolue sur une échelle de 1 à 5 (de la moins bonne à la meilleure qualité), évaluée en fonction du marbrage/persillage, de la couleur et de la brillance de la viande, de sa fermeté et de sa texture, et, enfin, de la couleur, du lustre et de la qualité de la graisse.

Abaisser la pâte
Ou « étaler » la pâte. Consiste à aplatir une boule de pâte en exerçant une pression à l'aide d'un rouleau à pâtisserie. Tourner la pâte d'un quart de tour, puis recommencer le même mouvement jusqu'à l'obtention de l'épaisseur attendue.

Bec d'oiseau
Consiste à former un « bec d'oiseau » à l'extrémité du fouet au moment de monter des blancs en neige. Cela permet de tester la densité des blancs.

Beurre clarifié
Beurre fondu à feu très doux dont on ne garde que la matière grasse par décantation (pour ôter l'eau, la caséine et le lactosérum).

Cuire à l'anglaise
Désigne un mode de cuisson de légumes plongés, à découvert, dans un grand volume d'eau bouillante salée.

Décuire
Consiste à diminuer le degré de cuisson en incorporant un élément liquide ou solide afin de lui donner une consistance moelleuse.

Demi-glace
Jus corsé d'aspect brillant (qui a inspiré sa dénomination). Il est préparé par réduction, à feu très doux, d'un fond brun de l'ingrédient principal (veau, volaille, gibier...) jusqu'à l'obtention d'un jus épais éventuellement ajusté par une liaison à la fécule.

Dépouiller
Consiste à retirer les impuretés qui remontent à la surface d'une préparation, à l'aide d'une cuillère, d'une écumoire ou d'une louche. Dans le cas d'un filet de poisson, dépouiller désigne l'action d'ôter la peau du poisson en insérant la lame d'un couteau entre la peau et la chair et de la couper délicatement.

Dorer
Appliquer du jaune d'œuf au pinceau de cuisine. Tremper le pinceau dans le jaune d'œuf (la dorure) et le répartir uniformément sur la surface à colorer.

Écussonner
Retirer les écailles des asperges à l'aide d'un couteau, en commençant par la pointe.

Fouler
Passer une préparation semi-liquide (purée, potage ou jus et morceaux) dans un tamis en le pressant avec une louche, pour la rendre plus lisse.

Garniture aromatique
Préparation à base d'oignons, de carottes, céleri-branche et bouquet garni, utilisée pour parfumer et donner du goût aux plats en sauce ou pour cuire des légumes secs.

Gastrique
Sauce de glaçage ou de nappage sucrée, amère et acide, préparée à partir d'une réduction à base de sucre ou de miel, de caramel et de vinaigre, cuite jusqu'à la quasi-évaporation du mélange.

Glaçante
Bain d'eau glacé dans lequel on plonge légumes ou viandes pour stopper la cuisson.

Monder les tomates
Consiste à inciser en forme de croix la peau des tomates à l'opposé du pédoncule. Plonger les tomates 30 secondes dans une eau bouillante, puis les refroidir aussitôt dans de l'eau glacée en vue de les peler facilement.

Nappe
Cuire « à la nappe » consiste à cuire à feu doux une préparation dans une casserole en la remuant en permanence à l'aide d'une spatule. La préparation va progressivement épaissir et « napper » la spatule.
(Astuce : pour contrôler la cuisson de la crème anglaise, passer un doigt sur la cuillère ; si une trace reste visible sur la cuillère, c'est que la crème est suffisamment épaisse.)

Poivre mignonnette
Poivre, principalement blanc, grossièrement concassé.

Rabattre la pâte
Consiste à replier la pâte plusieurs fois afin de l'aérer et de resserrer le réseau de gluten. Cette opération est destinée à la rendre plus élastique, plus ferme, plus lisse et « musclée », afin qu'elle se tienne mieux au façonnage et ne s'étale pas à la cuisson.

Réduire à glace
Réduire, se dit d'une sauce jusqu'à ce qu'elle devienne sirupeuse et onctueuse. Cette expression s'emploie surtout pour les fonds de viande qui sont « réduits » pour en faire une glace de cuisine.

Roux
S'obtient en faisant fondre le beurre à feu doux dans une casserole après avoir ajouté (en une seule fois) une proportion égale de farine. Fouetter doucement et laisser cuire 5 min à feu doux.

Parer
Dans le cas d'un artichaut, désigne l'action de couper la queue, le dessous, le haut de feuilles et les feuilles qui entourent le cœur.

Singer
Consiste à saupoudrer de farine des aliments préalablement revenus dans de la matière grasse, avant de les arroser d'un liquide, pour obtenir une sauce liée (dans le cas de la préparation d'une sauce).

Tomber
« Faire ou laisser tomber » un légume frais signifie le cuire rapidement avec ou sans matière grasse, pour éviter qu'il ne perde sa couleur, après évaporation de l'eau du légume.

Vanner
Remuer une préparation (crème ou sauce) en train de refroidir, afin qu'elle reste lisse. Cette intervention évite la formation d'une peau en surface et de grumeaux.

Retrouvez tout l'univers de Gault&Millau

Directeur de la rédaction
Stéphane Bréhier

Directeur des enquêtes
Marc Esquerré

Directrice artistique
Ingrid Maupoux

Rédactrice en chef adjointe
Florence Saint-Martin

Coordinatrice de projet
Maud Lolia

Iconographes
Julie Vanazzi et Antoine Duthion

Relecture des recettes
Fabienne Haberthur

Relecture et correction
Brigitte Roux et Fanny Jacquet

Photogravure
Fotimprim

Impression
Graphius, Belgique sur Arena White Smooth 100 g/m²

Dépôt légal
Septembre 2022

ISBN
978-2-375-57-079-1

Éditions Gault&Millau, 37-39 rue Boissière, 75016 Paris
Gault&Millau SA au capital de 250000 €